戦後
70年記念

強制連行中国人
殉難労働者慰霊碑
——資料集——

強制連行中国人殉難労働者慰霊碑資料集　編集委員会・編

日本僑報社

はじめに

　2015年（平成27年）は戦後70年という歴史の節目にあたる。この大きな節目の年は、あらためて戦争の悲惨さや平和の大切さを見つめ直す機会である。

　70年前、日本軍国主義が発動した侵略戦争は、中国をはじめアジア近隣諸国に重大な災難をもたらした。中国人の強制連行は、日本の軍国主義が犯した重大な反人道的罪で、中国に甚大な被害をあたえた。当時の日本政府は1942年（昭和17年）11月、国内で深刻化する労働力不足を解決するため、「華人労務者内地移入ニ関スル件」を閣議決定した。1946年（昭和21年）に外務省でまとめられた「華人労務者就労事情調査報告書」（外務省報告書）によると1942年から敗戦までに、3万8,935人の民間人と捕虜を中国から強制連行した。基本的人権もないままに苦役に従事させられ、非人道的な虐待と迫害を受け、劣悪な環境、重度の栄養不良や業務上の事故、病気などで6,830人の尊い命が犠牲になった。

　戦後、日本各地の民間友好団体、地方自治体、一般市民が、侵略戦争に対する深い反省と犠牲者への哀悼、日中友好と不再戦という固い決意から、全国各地に強制連行中国人殉難労働者のための慰霊碑を建立し、慰霊行事を執り行った。また、強制連行中国人殉難労働者の遺骨を収集して中国に送還し、関連資料を発掘、整理することで強制連行の実態について真相を究明したり、保存、伝承したりする活動も続けてきた。

　戦後70年を機に、日中双方の関係者は慰霊碑と追悼活動の

現況について、全国各地の団体の協力を得て、全面的な調査を実施した。慰霊碑は日本国内各地に散在し、交通が不便な所も多く、関係する団体や個人も多い。調査活動は多大な困難に直面したが、写真や映像を含め、活動記録など膨大な資料が集まった。慰霊碑が24都道府県に約40基建立されていることが判明、活動の成果と広がりを裏づけるものになった。この中に、強制連行中国人殉難労働者と直接関係のない、日中友好や日中不再戦の祈願だけを目的とした碑は含まれていない。

　2015年（平成27年）9月18日、「戦後70年　強制連行中国人殉難労働者慰霊碑維持管理者座談会」が、在日本中国大使館で開かれた。強制連行中国人殉難労働者の慰霊活動を続けてきた団体の代表が、全国から参集した。「強制連行中国人殉難労働者慰霊碑」の維持管理や慰霊祭の運営に携わってきた人々が一堂に会するのは初めてのことだった。迫害され死亡した強制連行中国人殉難労働者に深い哀悼の意を表すとともに、強制連行の概要、慰霊碑建立の経緯、慰霊碑の維持管理状況、慰霊祭や追悼式の活動内容、今後の課題などについて幅広く議論した。

　本書は、「前の事を忘れず、後の戒めにする」という歴史の教訓を銘記し、戦争の惨禍に対して反省を新たにして、凄惨な歴史の風化を防ぐために誕生した。もとより、歴史を心に刻むということは、恨みを持続させることが目的ではない。悲劇を学んで繰り返さず、明るい未来を切り開くことに意義がある。

　本書は中国人強制連行の歴史と、これまで日本各地で進められてきた「強制連行中国人殉難労働者慰霊碑」建立や慰霊の活動について、幅広い角度から事実を正確に記録した重要な一冊である。日本各地にある慰霊碑の維持管理や慰霊祭運営に尽力

してきた諸団体、関係者の方々には改めて敬意を表したい。日本国民、とりわけ若い世代に対し、本書が歴史の真相と教訓を理解し、両国の友好と、世界平和に貢献する一助となることを期待する。

強制連行中国人殉難労働者慰霊碑資料集
編集委員会

目次

はじめに——————————————————— 3

北海道余市郡仁木町——————————————— 11
　日中不再戦友好碑

北海道上川郡東川町——————————————— 17
　中国人強制連行事件殉難烈士慰霊碑

北海道夕張郡栗山町——————————————— 25
　中国人殉難者之墓

北海道室蘭市————————————————— 31
　中国人殉難烈士慰霊碑

北海道石狩郡当別町——————————————— 39
　劉連仁生還記念碑

北海道三笠市————————————————— 51
　中国人殉難者慰霊碑

岩手県釜石市————————————————— 59
　日中永遠和平の像

秋田県大館市————————————————— 65
　中国殉難烈士慰霊之碑
　日中不再戦友好碑
　共楽館址碑

秋田県大館市—————————————————— 81
　七ツ館弔魂碑
　中国人殉難者供養塔

山形県酒田市—————————————————— 87
　酒田港中国人強制連行被害者慰霊碑（建碑運動中）

福島県耶麻郡猪苗代町————————————— 91
　中国人殉難烈士慰霊碑

栃木県日光市—————————————————— 97
　中国人殉難烈士慰霊塔

群馬県太田市—————————————————103
　日中不再戦中国人烈士慰霊之碑

神奈川県相模原市————————————————109
　相模湖湖銘碑

富山県高岡市—————————————————115
　日中友好の碑

石川県七尾市—————————————————121
　一衣帯水の碑
　中国人殉難烈士慰霊碑

長野県木曽郡木曽町————————————————127
　木曽谷殉難中国人慰霊碑

長野県下伊那郡天龍村———————————133
  在日殉難中国烈士慰霊碑

岐阜県岐阜市———————————————139
  中国人殉難者の碑

岐阜県瑞浪市——————————————143
  日中不再戦の誓いの碑

岐阜県高山市——————————————149
  中国人殉難者慰霊碑

静岡県浜松市——————————————153
  中国人殉難慰霊碑

静岡県賀茂郡西伊豆町————————159
  中国人殉難者慰霊碑

静岡県富士市——————————————167
  中国人殉難者慰霊碑

愛知県東海市——————————————173
  愛知・大府飛行場中国人強制連行被害者慰霊碑
                   （建碑運動中）

京都府与謝郡与謝野町————————179
  日本中国悠久平和友好之碑

大阪府大阪市————————185
　日中友好の碑 彰往察来

広島県山県郡安芸太田町————————193
　安野 中国人受難之碑

山口県下関市————————199
　日中平和祈念慰霊の碑

愛媛県新居浜市————————207
　中国人"俘虜"殉難者慰霊之碑

福岡県田川市————————213
　鎮魂の碑

福岡県大牟田市————————217
　三井三池炭鉱宮浦坑 中国人殉難者慰霊碑

熊本県荒尾市————————223
　中国人殉難者供養塔

長崎県長崎市————————231
　浦上刑務支所・中国人原爆犠牲者追悼碑

付録————————237
　付録1　駐日本中国大使からの感謝状————238
　付録2　座談会議事録————244
　付録3　参考資料————306

——北海道余市郡仁木町
日中不再戦友好碑

日中不再戦友好碑

慰霊碑概要

- **名　称**　日中不再戦友好碑
- **建立年**　1966年（昭和41年）
- **所在地**　北海道余市郡仁木町中国烈士園（後志・仁木町霊園）
- **慰霊碑維持管理**
  　　　「中国人殉難者全道慰霊祭」事務室、仁木町役場
- **慰霊祭主催**
  　　　中国人殉難者全道慰霊祭実行委員会
- **慰霊祭開催時期**
  　　　1966年（昭和41年）10月29日の除幕式以来、毎年開催。
  　　　現在は6月後半の開催が多い。

強制連行概要

　太平洋戦争開始後約 1 年たった 1942 年（昭和 17 年）11 月
27 日、時の東条内閣は日本国内の重労働に従事する労働力の
不足を補うために、中国人を強制連行することを決め、中国の
河北、河南、山東、山西など十数省から一般市民および軍事俘
虜を日本に連行し、苛酷な強制労働に従事させた。

　北海道には 16,282 名が 58 の事業場に連行され、その配置総
数は延べ 20,430 名である。

　全国 135 の事業場のうち北海道は 58、全国での連行者数（延
べ配置数）50,685 名のうち北海道は 20,430 名である。また、
全国 6800 名余りの死亡者のうち北海道では 3,047 名と、全死
亡者のうち半数近くが北海道で亡くなっている。死亡率は全国
で 17.5％ なのに対し、北海道では 18.7％ となっている。ちなみ
に当時の日本人の死亡率は 1.631％ である。

　こうした数字は、極寒の北海道という厳しい気象条件での強
制労働が、いかに苛酷だったかを物語っている。

　この仁木町の碑が慰霊しているのは、日本鉱業大江鉱山緊急
拡張工事の殉難者である。200 名の中国人強制連行者のうち、
18 名（船中での死亡 5 名、大阪駅での死亡 1 名を含む）が亡
くなっている。

慰霊碑建立経緯

　1953 年（昭和 28 年）6 月に「北海道中国人“俘虜”殉難者
慰霊実行委員会」が結成され、全道 58 事業場の綿密な調査と
遺骨の発掘、送還が行われた。こうした運動の一環として実施
された後志管内仁木町「日本鉱業大江鉱山」の調査に基づき、

中国人殉難者慰霊事業が始まった。

1966年（昭和41年）、当時の仁木町長であった高木太市氏の絶大な尽力により、同町共同墓地内の用地を提供してもらい、全道の各団体、道民約10,000名の人々からの140万円に上る募金によって、200坪の中国烈士園を造成し、その中に3メートルを越す日中不再戦友好碑を建立した。

これは主に、日本鉱業大江鉱山の殉難者18名の慰霊碑であるが、ここで毎年開催される「中国人殉難者全道慰霊祭」は、この殉難者18名を含む、全道の中国人犠牲者の慰霊祭となっている。

その後、1987年（昭和62年）、20年余の風雪で傷みがひどくなった碑と土台を、募金によって集められた150万円により、全面的に改修し、友好碑は3.5メートルの御影石で再建された。

慰霊祭開催状況

1953年（昭和28年）の「北海道中国人 "俘虜" 殉難者慰霊実行委員会」結成後、同年7月15日には、札幌市東本願寺札幌別院で第1回北海道関係合同慰霊大法要を行い、同18日、遺骨311体を奉持して札幌市内を行進した後、札幌駅から上京した。1966年（昭和41年）10月29日、仁木町の日中不再戦友好碑において盛大な除幕式、記念慰霊祭を挙行し、生きて再び祖国に帰ることができなかった北海道での中国人犠牲者3,047名を供養し、「日中不再戦友好碑」の言葉どおり、再び戦争の道に進むことのないよう、決意を固めた。以来、毎年開催している。

1984年（昭和59年）には太極拳による慰霊が始まり、1987年（昭和62年）には碑の再建除幕式が挙行された。1996年（平

成 8 年）からは、駐札幌中国総領事館より、領事をはじめとする領事館関係者も参列し、2009 年（平成 21 年）開催時は、参列者 203 名のうち、中国人が 80 名を超えた。

2014 年（平成 26 年）の慰霊祭の様子

2014年（平成26年）の慰霊祭の様子

2014年（平成26年）「第49回中国人殉難者全道慰霊祭　交流会」の様子

（資料提供　佐藤聖一郎、鴫谷節夫）

——北海道上川郡東川町

中国人強制連行事件
殉難烈士慰霊碑

中国人強制連行事件殉難烈士慰霊碑

慰霊碑概要

- **名　　称**　中国人強制連行事件殉難烈士慰霊碑
- **建立年**　1972 年（昭和 47 年）
- **所在地**　北海道上川郡東川町東 14 号共同墓地
- **慰霊碑維持管理**

　　　　中国人強制連行事件殉難烈士慰霊碑管理委員会、
　　　　旭川日中友好協会

- **慰霊祭主催**

　　　　中国人強制連行事件殉難烈士慰霊碑管理委員会、
　　　　旭川日中友好協会

- **慰霊祭開催時期**

　　　　毎年 7 月 7 日

北海道上川郡東川町　中国人強制連行事件殉難烈士慰霊碑

強制連行概要

　東川町は、大戦中に国策として江卸発電所、忠別第1発電所を造成した。そのため長いトンネルを掘り、導水をして発電を行っていた。地域農民の間では、トンネルを通ってきた低温の水が農業用水に混じることで、下流約8,000ヘクタールの水田に冷害が発生するのではとの懸念が起こった。そこで灌漑用水の水温低下を軽減し、発電所建設を予定通り進めるために、用水の水温上昇施設として、遊水池を建設する計画が持ち上がり、1943年（昭和18年）から地崎組東川出張所（以下文中の企業名はすべて当時のもの）が工事を請負った。しかしこの時期から日本の敗色が濃くなり、働き盛りの男子は戦場に駆り出され、労働力が不足していたことから、中国人338名を地崎組東川出張所に移送し、この遊水池工事に使役することとした。第1次連行は1944年（昭和19年）9月に行われ、297名が天津市塘沽から乗船したが、船中で16名が死亡し、大阪に上陸して東川出張所に着くまでにさらに17名が死亡している。補充の第2次連行は10月に41名が塘沽から乗船し、船中で1名が死亡し、40名が東川出張所に着いた。

　かくして、中国からの連行途中での死者34名をはじめとして、現地到着後わずか3か月以内に41名、その後も13名が死亡し、合計88名が殉難した。しかし、火葬する施設などもなく、墓地の片隅に穴を掘り、そこに遺体を埋めた。

　その他にも、負傷者48名、罹病者221名という犠牲によって建設された遊水池は、今も数千ヘクタールに及ぶ美田を潤し、地域経済の発展に貢献している。

慰霊碑建立経緯

　1954年（昭和29年）、異郷の地で犠牲になったまま現地に

放置されていた中国人殉難者の遺骸を調査、発掘し、各界の賛同の下に当時の旭川市長を実行委員長として、慰霊法要と遺骨送還が行われ、供養標が建立された。その後1968年（昭和43年）に供養標を再建立し現地供養を行ってきたが、木製の供養標の腐朽が進んできたため、1972年（昭和47年）、各界の協力により「中国人強制連行事件殉難者（石）碑建立実行委員会」が結成され、石碑が東川町東14号共同墓地に建立された。

　石碑には次のように書かれている。

中国人強制連行事件の殉難烈士此処に眠る

　この事件は　日本軍国主義が中国侵略の一環として行った戦争犯罪である　　具体的には一九四二年一一月　閣議決定にもとづき政府機関並びに軍が直接指導し　中国人を日本国内に強制連行　一三五の事業所に労役せしめ　多くの中国人を死に至らしめた　　一九四四年この地にも三三八名を連行　江卸発電所の建設に関連し遊水池建設工事に苦役連行途上を含め短時日に　八八名もの殉難をみた　遊水池は今も尚　忠別河水の水温上昇施設として　東川町並びに旭川市に及ぶ美田を潤す　　われわれは今日　日本国の主権者である国民として　なによりも中国国民に心から謝罪し　殉難烈士の霊を弔い　再び誤[原文ママ]ちを繰り返すことなく軍国主義の復活を阻止　日中友好　日中不再戦を具現することを盟い　日中両国民の永遠の友誼と平和とを確立自らの証として　この碑を建立する

一九七二年七月七日

中国人強制連行事件殉難慰霊碑建立実行委員会

（撰文　松橋久保）

北海道上川郡東川町　中国人強制連行事件殉難烈士慰霊碑

　また、中国人労働者らの手によって造成された遊水池は現在、親水施設「大雪遊水公園」に姿を変え、市民の憩いの場になっている。2000年（平成12年）7月、はるか祖国を望む中国青年のブロンズ立像「望郷」がその一角に建立された。

慰霊祭開催状況

　1954年（昭和29年）、最初の慰霊法要を、遺骨送還および供養標建立とともに行い、その後1968年（昭和43年）に供養標を再建立し、現地供養を毎年行ってきた。そして1972年（昭和47年）の石碑完成以来、「実行委員会」を「慰霊碑管理委員会」に改め、毎年7月7日に当地において、東川町、旭川町、および近隣市町村の方々と当時を偲び、反戦、平和、日中友好の願いを込め、烈士の冥福を祈念しつつ、慰霊祭を行い今日に至っている。

慰霊祭の様子を伝える新聞報道
（2015年（平成27年）7月8日付『北海道新聞』）

碑文

北海道上川郡東川町　中国人強制連行事件殉難烈士慰霊碑

1996年（平成8年）の慰霊祭の様子

1996年（平成8年）の慰霊祭の様子

（資料提供　外山弘美、鳴海良司）

——北海道夕張郡栗山町

中国人殉難者之墓

中国人殉難者之墓

慰霊碑概要

- **名　称**　中国人殉難者之墓
- **建立年**　2007年（平成19年）
- **所在地**　北海道夕張郡栗山町日出二岐共同墓地
- **慰霊碑維持管理**

    中国人強制連行事件殉難烈士慰霊碑管理委員会
- **慰霊祭主催**

    栗山町中国人殉難者供養会実行委員会
- **慰霊祭開催時期**

    毎年夏

北海道夕張郡栗山町　中国人殉難者之墓

強制連行概要

　太平洋戦争の末期、労働力の不足を補うために朝鮮人、そして中国人が連行され、炭鉱や土木工事の重労働を強要されて多くの人が犠牲になった。夕張には1,391名(内訳の合計では1,386名)の外国人が入山し、369名が死亡したとされる。その内訳は、北海道炭礦汽船が経営する真谷地炭鉱で417名中60名が死亡。三菱鉱業が経営する大夕張炭鉱で292名中85名が死亡。地崎組の大夕張事業場で383名中148名が死亡した。北海道炭礦汽船の角田炭鉱へは294名が連行され、栗山町史によると死者は76名。生存者によって記された記録では98名とされている。

　当時の中国人殉難者の割合は全国平均で17.5％であり、これに対し、大夕張炭鉱では29.1％、地崎組大夕張事業場では38.6％、角田炭鉱では25.8％（98名なら33.3％）。

　1945年（昭和20年）9月15日、ここに米兵が2名やってきて、中国人たちは初めて終戦を知らされた。生き残った人々は10月末に帰国した。

慰霊碑建立経緯

　死亡者の遺骨は引揚げ時に同僚に抱かれて帰国した。残骨を埋めていた日出二岐共同墓地に平和鉱業所が「中国人労務者之墓」を建立した。1948年（昭和23年）5月10日のことである。

　しかし年々風化が進み、石材が脆くなったため、地元町内会有志を中心とする「中国人殉難者墓碑改築実行委員会」が募金活動を行い、2007年（平成19年）に建て替え、8月7日に改築竣工除幕式を挙行した。

慰霊祭開催状況

　中国人殉難者慰霊祭は1972年（昭和47年）から始まった。第1回は日中友好協会栗山支部と夕張支部との合同で369柱の霊を慰めた。以来毎年行われ、2015年（平成27年）で44回目を迎えている。

　2006年（平成18年）、2008年（平成20年）には、旧角田炭鉱経営者の孫の呼びかけで、中国から生存者が来日した。その生存者は、角田炭鉱に連行された時点ではまだ14歳であった。

慰霊祭の様子

北海道夕張郡栗山町　中国人殉難者之墓

慰霊祭の様子
2014年（平成26年）8月7日、地元法隆寺での供養会、直会

北海道文教大学留学生との参拝

慰霊祭の様子

2015年（平成27年）8月7日の慰霊祭の様子
（資料提供　榊原紀昭、斉藤昭子）

——北海道室蘭市
中国人殉難烈士慰霊碑

中国人殉難烈士慰霊碑

慰霊碑概要

- **名　称**　中国人殉難烈士慰霊碑
- **建立年**　1974 年（昭和 49 年）
- **所在地**　北海道室蘭市東町 3-13-1
- **慰霊碑維持管理**

　　　　　中国人殉難烈士慰霊の集い実行委員会、
　　　　　中国人殉難烈士慰霊碑追悼七・七室蘭集会実行委員会

- **慰霊祭主催**

　　　　　中国人殉難烈士慰霊の集い実行委員会、
　　　　　中国人殉難烈士慰霊碑追悼七・七室蘭集会実行委員会

- **慰霊祭開催時期**

　　　　　毎年 7 月 7 日

北海道室蘭市　中国人殉難烈士慰霊碑

強制連行概要

「1944 年 8 月 25 日、宗像丸という貨物船が上海を出港した。この船には日華労務協会から日本港運業会室蘭第二華工管理事務所に『供出』された中国人 49 名（1 次分）が乗船していた。続いて翌 26 日に仁洋丸が宗像丸の後を追うようにして上海を出港した。この船には室蘭第二華工管理事務所に引渡された中国人 50 名（2 次分）と、室蘭第三華工管理事務所の 202 名が乗船していた。(中略)相次いで上海を出港した 2 隻の貨物船は、アメリカ海軍の潜水艦がわがもの顔に跳梁する東シナ海を横断して、9 月の 5 日・6 日に無事下関に入港した。

これが室蘭への中国人強制連行の始まりだった」

（上野志郎『室蘭における中国人強制連行・強制労働の記録』より）

室蘭では港湾荷役の 5 事業場に、1,800 名を超える中国人を強制連行した。

5 つの事業場に到着した中国人は、日本港運業会室蘭第一華工管理事務所（室蘭石炭港運）に 145 名、日本港運業会室蘭第二華工管理事務所（室蘭石炭港運）に 99 名、日本港運業会室蘭第三華工管理事務所（日鉄輪西港運）に 200 名、川口組室蘭出張所（日鉄輪西港運）に 439 名、鉄道工業室蘭出張所（室蘭石炭港運）に 969 名の計 1,852 名だが、中国大陸から室蘭到着までに逃亡や死亡により 9 名が減っている。（　）内に示した業者は、室蘭港の港湾荷役会社の下請けとして、中国人を強制労働させたのである。

9 月に収容所に連れてこられたときから、すでに栄養状態の

よくない者も多かったが、年の暮れあたりから死亡者が増え始めた。なかでも第三華工は死亡率が33.2%にも上った。これは全国135の事業場中第11位にあたる。第三華工や川口組では死者が続出したことから、ペストが疑われた（後にパラチフスと判明した）。

　室蘭の5か所の中国人強制連行事業場での死亡者数は、第一華工31名、第二華工29名、第三華工67名、鉄道工業127名、川口組310名となっている。

　なお、戦後、室蘭市みゆき町のイタンキ浜に中国人の遺体が30体ほど埋められているという付近住民の話から、1954年（昭和29年）10月9日、各関係組合員らの手で発掘を行ったところ、長さ約10.9メートル、幅約1.8メートル、深さ約2メートルの狭い所から、完全遺体100体と首なし遺体2体を収容した。翌10日にも、この場所のすぐ隣から23体の遺体を発見発掘した。これは主に川口組の中国人達であった。

慰霊碑建立経緯

　多数の中国人の遺体が発掘されたイタンキ浜発掘現場に1956年（昭和31年）9月「室蘭地区中国人殉難烈士之霊」と墨書された木製墓標を建立。

　その後、1965年（昭和40年）、土地区画整理事業により、墓標の移設と建て替えが必要となり、イタンキ墓地に「中国人殉難烈士之霊」の石碑が新たに建立された。

　1972年（昭和47年）9月29日、北京で日中両国の共同声明が発表され、永年の懸案であった日中国交回復が実現した。これを契機として慰霊碑再建立の声があがり、期成会設立準備会が1973年（昭和48年）5月に発足、同年7月7日盧溝橋事件

36 周年の慰霊祭の後、文化センターに 35 団体が参加して期成会設立総会が開催された。

　この総会では、「慰霊碑の再建立にあたっては単に日中国交正常化を歓迎するということにとどまらず、戦争への深い反省と、日中友好を市民全体が正しく受けとめて、これを恒久的なものとするためにも、市民の記憶から忘れさられようとしているイタンキ浜の慰霊碑を新しく再建立して、真に "平和の誓いの碑" とし、この意義を子々孫々に伝えていくため全市民に呼びかけ……」という趣旨に沿って活動することを確認し、全市民的な運動として本格的に開始した。その結果、特定の団体や個人に限定されることなく、労働、文化、教育、経済などの参加団体が 150 団体にもおよび、また趣旨に賛同する市民も多数参加し、再建立が進められ、一般市民への呼びかけによる街頭募金をはじめ、室蘭、登別、伊達 3 市の助成金、各企業や団体の募金、カンパなどが続々と寄せられた。そして、1974 年（昭和 49 年）9 月 29 日、遥かに太平洋を望むイタンキ浜のクジラ半島中腹の緑丘に、永遠の平和を象徴するため「無限」をモチーフにした純白の新しい慰霊碑が再建立された。

慰霊祭開催状況

　慰霊祭は、1965 年（昭和 40 年）に新しくイタンキ墓地に慰霊碑を建立してから、行われるようになった。1968 年（昭和 43 年）までは、日中友好協会室蘭支部会員と在蘭華僑の一部有志の手でささやかに行われていたが、1969 年（昭和 44 年）から、室蘭地方労働組合協議会が日中友好運動の一環として追悼集会に取り組むこととなり、日中友好協会室蘭支部との共催で行われるようになった。

1972年（昭和47年）からは、日中国交回復の気運の高まりから、室蘭市をはじめ各政党などが実行団体に加わり、全市的な行事として取り組まれるようになった。その後、1974年（昭和49年）に再建立された新しい慰霊碑のもと、毎年7月7日に開催している。

中国人殉難烈士慰霊碑

北海道室蘭市　中国人殉難烈士慰霊碑

中国人殉難烈士慰霊碑　碑文

慰霊追悼集会の様子

慰霊追悼集会の様子

慰霊追悼集会の様子

（資料提供　井野斉）

——北海道石狩郡当別町
劉連仁生還記念碑

劉連仁生還記念碑

慰霊碑概要

- **名　称**　劉連仁生還記念碑
- **建立年**　2002年（平成14年）
- **所在地**　北海道石狩郡当別町若葉　若葉公園
- **慰霊碑維持管理**

    劉連仁を語り継ぐ会、当別町
- **慰霊祭主催**

    慰霊祭は開催されていない。
- **慰霊祭開催時期**

    「劉連仁生還記念碑」にまつわる慰霊祭などは開催されていないが、「劉連仁の足跡をたどるツアー」として日帰りツアーが実施されており、その際に「劉連仁生還記念碑」にて献花、黙禱などが行われる。

強制連行概要

　北海道の炭鉱に強制連行されて逃亡し、終戦を知らぬまま12年半もの間、山中で生き抜いた中国人がいる。劉連仁さんだ。

　劉さんは1913年（大正2年）に山東省の青島から車で1時間半ほどの高密県（現在は高密市）草泊村で生まれ、両親と弟4人、妹1人、それに身重の妻を含めた9人家族で、地主から土地を借りて、細々と農業を営んでいた。

　ところが1944年（昭和19年）9月に突然、日本の傀儡軍の兵士4人に捕らえられた。同じように捕らえられた男たちの数は200人近くになり、ひとまとめにされて建物に押し込まれた。

　青島に着いて6日目の朝、100人単位で大港埠頭に連れていかれ、貨物船の船底に押し込められた。

　それから7日後、下関に到着し、そこからは汽車で北に向かって移動した。さらに半日ほど船に乗せられ、別の列車に乗り換えた。1日たってようやく狭い車両から解放されたと思ったら、そこは一面の雪景色だった。

　到着したのは北海道の雨竜郡沼田村（現在は沼田町）にあった明治鉱業の昭和鉱業所という炭鉱だった。平均気温は6.7度、最低気温はマイナス28.7度、年間積雪量14メートルという豪雪地帯である。

　昭和鉱業所の前身昭和炭山は1918年（大正7年）に明治鉱業の所有となったが、当時はボーリング調査に入っても「全く人跡未踏と言ってもいい程で、大森林地帯は熊の咆声を聞き乍らテントに寝て、ブリキ缶を叩いて奥地」（『町史』）へと向かったという。それでも1929年（昭和4年）に開坑となり、40戸の長屋もできた。翌年には昭和鉱業所が開設され、国鉄留萌本

線の恵比島駅から分岐した留萌鉄道が昭和駅まで開通したので、これまで馬の背に頼っていた荷物の運搬や送炭が飛躍的に効率化し、炭鉱は発展した。1943年（昭和18年）には出炭が16万トンになり、坑夫も999人となった。

戦況が悪化してくるとさらに増炭を要求されたが、坑夫の増員は不可能だったため華北労工協会と契約し、200人の中国人強制連行者を使うことになったのだった。

昭和鉱業所では800名の中国人と朝鮮人が働かされており、中国人の仕事はさまざまに分かれていたが、坑内で働く人が最も多かった。到着5日目に劉さんたちにも仕事が割り当てられた。石炭を採掘し、それをトロッコに積んで運ぶという重労働だ。

劉さんたちが到着して、日本の敗戦までの8か月の間に、200名のうち9名が亡くなった。このうち5名が、作業中の落盤などの事故死で、残りの4名が病死となっている。

生きている人も全員、怪我人か病人だった。負傷者数179名（傷害率89.0%）、罹病者数280名（罹患率140.8%）、不具疾病者数3名という昭和鉱業所の記録がある。

1945年（昭和20年）7月30日、劉さんは夜中にこっそり便所に行った。見張りのいないことを確認すると、必死の思いで便器の下の糞尿に潜った。汲み取り口の蓋を開けて外に出る、という計画だった。外に出ると、あとは闇に紛れてひたすら走った。そして偶然にも同じルートで脱走してきた仲間4人と会うことができた。

それから5人での逃亡生活が始まった。しかし山の中を逃げ回るうちに仲間2人とはぐれてしまった。あとで分かったことだが、2人は8月下旬に日本海側の羽幌町付近で保護されていた。終戦のわずか数日後のことだ。

劉さんを含む残り3人は、そこが中国と陸続きだと信じて、

ひたすら歩いて帰ろうと考えた。身を隠すために、同じ道を二度通ることは避けた。食べるものもなく山野をさまよい歩き、穴倉や雪洞に身を隠しながらの逃亡だった。飢えや酷寒、ヒグマ、何より人に見つかることの危険と戦わなければならなかった。捕まったら殺されるという警戒心から、昼は仮眠にあてて夜に歩くという日々で、常に移動した。

1946年（昭和21年）4月には劉さんは残りの2人の仲間ともはぐれ、とうとう1人きりになってしまった。

1958年（昭和33年）2月8日、1人になって10年以上が経っていた。劉さんが当別町の山中に辿りつき、そこの穴に潜んでから4か月ほどたったころ、たまたま狩りに行った袴田清治さんが劉さんの穴を発見した。市街地から7キロ入った山林の尾根だった。袴田さんが応援を呼びに行っている間に、劉さんは逃げようとしたが、足が凍傷になって思うように動けなかった。とにかく暗闇の深い雪の中を命懸けで走ったが、足跡がくっきりと残ってしまった。力尽きて木の幹に体を預けていたところを、足跡を辿ってきた木屋路喜一郎さんや駐在所巡査などに見つかり、身柄が保護された。

1958年（昭和33年）3月1日付、東京華僑総会発行の『華僑報』は、次のような大見出しでこの事件を報じた。

「北海道で一三年間穴居生活、中国人劉連仁氏現わる

戦時中、日本軍に拉致され、北海道の炭鉱で強制労働させられた中国人捕虜劉連仁氏（現在四七歳、山東省諸城県柴溝村出身）が、終戦直前虐待に耐えかねて収容所を脱走、以来十三年間雪に埋れた北海道の山中に穴ごもりの生活を続けていたが、二月八日石狩郡当別町材木沢の山中で発見されるという事件が起きた。劉氏は目下札幌で凍傷などの治療を受けて静養しているが、もともと日本へ連行してはならないものを、連行してきたのであるから、今後日本政

府がどのような処遇を与えるか、注目されている」

　2000年（平成12年）9月2日、劉さんは87歳でこの世を去った。言語障害や対人恐怖症などの後遺症に加え、死ぬまで悪夢に悩まされ、山林に入ると恐怖でパニックを起こしたという。

慰霊碑建立経緯

　1989年（平成元年）に「劉連仁さんを当別町に迎える会」が発足し、劉さんの来日に向けて活動が始まった。その翌年、発見者の袴田清治さんや、保護した木屋路喜一郎さんを中心とする地元有志が劉さんに手紙を送ったことから、劉さんとの交流がもたれるようになった。

　そして1991年（平成3年）10月22日、劉さんが来日。袴田さん宅で再会を果たし、当別町民とも交流し、発見場所の付近にイチイの苗木を記念植樹した。当別町民との交流懇談会では当時の生々しい体験が語られた。

　その後1995年（平成7年）と1998年（平成10年）にも劉さんを当別町に招き、草の根の交流が続く中で、生還記念碑の話が持ち上がった。当別町の町民35名で「劉連仁生還記念碑建立実行委員会」を結成し、募金を呼びかけた。2001年（平成13年）から翌年にかけて計画が加速され、町内外1,235名からの募金も得られた。そして2002年（平成14年）8月30日、発見場所から2キロほどの場所に碑が建立された。9月1日の除幕式にはすでに故人となった劉さんの代わりに長男の煥新さんが出席した。

　碑のデザインと制作は彫刻家の丸山隆さんが担った。黒御影石の原石は「野蛮なシステムを象徴」している。縦1.2メートル、横2メートル、高さ1メートルで、内側をちょうど大人1人が身を隠せるくらいにくり抜き、山中で身を隠した劉さんの存在

を表した。背後に植えられたヤマザクラは、束縛から解き放たれたこと、そして逃亡生活の中でせめて花の美しさが一瞬でも劉さんの心を慰めただろうか、という丸山さんの気持ちを託したものである。傍には劉さんの故郷のアサガオも咲き、劉さんが植樹したイチイの木も近くに移植された。

　碑文は次のように刻まれている。

劉連仁生還記念碑

題字　当別町長　泉亭俊彦

　劉連仁氏は、一九四四年中国山東省から連行され、沼田の明治鉱業で過酷な労働を強いられていましたが、一九四五年七月にこの炭鉱を脱出しました。一九五八年二月八日、当別の山中で穴居していたところを発見され、翌九日、保護されました。強靭な意思と生命力により、実に十二年と七か月の逃亡生活に耐え、生還を果たすことができました。

　時を経て、発見者の袴田清治氏、保護にあたった木屋路喜一郎氏らの招きにより、一九九二年※、一九九五年、一九九八年の三回にわたる氏の訪町が実現しました。この交流の中から日中両国の友好と平和への願いをこめた記念碑が生まれました。二〇〇〇年九月二日、劉連仁氏は八七歳の生涯を閉じました。二〇〇二年九月一日、ご子息の手によって碑は除幕しました。

　碑は彫刻家丸山隆氏の遺作でもあります。御影石の原石をもちいて、劉連仁氏の苦難の穴居生活をみごとに象徴しています。

二〇〇二年九月一日

劉連仁生還記念碑建立実行委員会

※原文ママ　正しくは一九九一年

碑建立後、実行委員会の役割は「劉連仁を語り継ぐ会」に継承された。劉さんの事跡を伝え、平和への誓いを風化させないために活動を続けており、2003年（平成15年）の発足以来、不定期で総会を開催している。

慰霊祭開催状況

　「劉連仁生還記念碑」にまつわる慰霊祭などは開催されていないが、2010年（平成22年）より、旅システムによる「劉連仁の足跡をたどるツアー」として石狩、当別を巡る日帰りツアーが実施されており、その際に「劉連仁生還記念碑」にて献花、黙禱などが行われる。2015年（平成27年）は、日中友好協会と旅システムとの共同企画で、劉煥新さんと行く当別ツアーが開催され、47人が参加した。地元の「劉連仁記念碑を伝える会」会長や劉連仁さんを保護した木屋路喜一郎さん、当別町長などが出迎え、「碑前のつどい」を開催し、劉煥新さんは「木屋路さんは父連仁の命の恩人」などと話した。

　その後、近くの若葉会館に移動し、交流会を開催した。劉連仁さんを保護した当時の模様を木屋路さんが話し、伝える会会長代行が生還記念碑を訪れる人々の説明役などの活動について報告した。

劉連仁生還記念碑

北海道石狩郡当別町　劉連仁生還記念碑

碑文

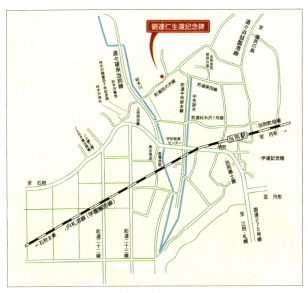

劉連仁生還記念碑周辺地図

47

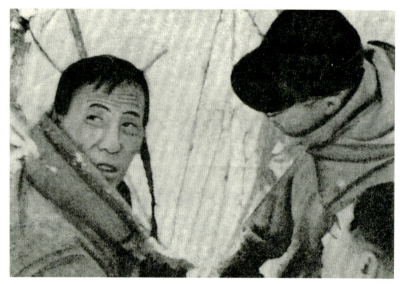

保護された時の劉連仁さん

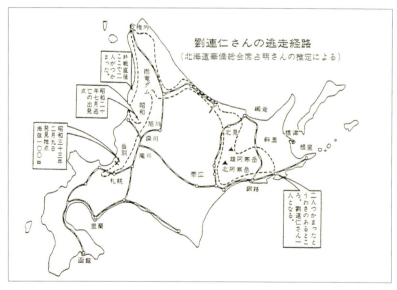

劉連仁さんの逃走経路（推定）

北海道石狩郡当別町　劉連仁生還記念碑

第1回当別町来訪の際に開催された町民との交流会

発見者の袴田さんとの感激の再会

49

日本でも関連書籍が多数出版された

（資料提供　今野一三六）

——北海道三笠市
中国人殉難者慰霊碑

中国人殉難者慰霊碑

慰霊碑概要

- **名　称**　中国人殉難者慰霊碑
- **建立年**　1966 年（昭和 41 年）
- **所在地**　北海道三笠市清住町 清住霊園
- **慰霊碑維持管理**
　　　　　三笠市
- **慰霊祭主催**
　　　　　三笠日中友好協会
- **慰霊祭開催時期**
　　　　　毎年夏（現在は 7 月開催が多い）

北海道三笠市　中国人殉難者慰霊碑

強制連行概要

　三笠市では 1944 年（昭和 19 年）から 3 つの炭鉱で中国人が
劣悪な環境の中で働かされた。川口組所轄の弥生炭鉱で 229 名、
菅原組所轄の幌内炭鉱で 366 名、土屋組所轄の幾春別炭鉱で
289 名、合計 884 名である。弥生炭鉱では作業事故死 2 名、病
死 15 名、幌内炭鉱では坑道内落盤による殉職 1 名、急性肺炎
による病死 1 名、幾春別炭鉱では病死が 7 名と、合計 26 名が
犠牲となった。

　弥生炭鉱では 1944 年（昭和 19 年）9 月から、中国人が坑内
作業に従事した。三笠の炭鉱では最も長い労働で、しかも北海
道の冬を過ごしたこともあり、犠牲者も多い。

　幌内炭鉱と幾春別炭鉱への入山は 1945 年（昭和 20 年）4 月
だった。中国北部から中部において華北労工協会によって集め
られた人々との記録がある。

　当時、幌内炭鉱には約 3,000 人の従業員がいて、そのうち朝
鮮からの募集で来た人が約半数ほどだった。中国人は八路軍を
含む軍人と民間人で、奔幌内の高台に建てられた集合住宅を宿
舎とし、中国軍大尉の統率で集団生活に秩序が保たれていた。
担当は布引鉱での坑内作業だった。

　幾春別炭鉱では主に坑外作業に従事し、坑内作業は少なかった。
宿舎は炭鉱住宅 4 棟を改造したものだった。中央に通路があり、
両側が寝台になっていた。炭鉱側と中国人との間で問題になるよ
うなことはなかったとされるが、終戦までのわずか 4 か月に死者
は 5 名に上り、日本側の対応に疑問を抱く声もある（あとの 2 名
は 1945 年（昭和 20 年）の 11 月と 12 月に亡くなった）。

　戦後、生存者たちは朝鮮への帰国者に続いて 11 月頃に帰国
した。

53

慰霊碑建立経緯

　三笠で亡くなった犠牲者1人ひとりに法名を付け、手厚く供養が行われている。

　弥生炭鉱の犠牲者は海容寺で祀られている。幌内炭鉱で亡くなった方々は専行寺で、幾春別炭鉱の犠牲者は観敬寺にて。いずれも遺骨は同僚が中国に持ち帰ったとされている。

　1956年（昭和31年）、当時の三笠市長と市議が炭労代表団の一員として訪中し、帰国後に殉難者慰霊の意志を強くした。その後、三笠地区労が提起して慰霊碑建立の計画が進められ、1966年（昭和41年）5月に完成。盛大な慰霊祭が行われた。表面の書「歴史は　君達の　足跡を語る　中国の同胞安らかなれ平和なこの地に」は当時の三笠市長のもの。

慰霊祭開催状況

　1965年（昭和40年）に当時の小鴨義雄社会党三笠地区書記長が発起し、弥生墓地で「中国人殉難者法要」を行ったのが最初である。1990年（平成2年）からは日中友好協会三笠支部（現在は三笠日中友好協会）が主催し、毎年清住霊園にて慰霊祭を行ってきた。1996年（平成8年）からは御霊が祀られている専行寺、観敬寺、海容寺を年ごとに巡り、追悼法要を営んでいる。

　慰霊碑建立45年と50年の年には特別平和祈念式典が実施された。

北海道三笠市　中国人殉難者慰霊碑

中国人殉難者慰霊碑碑文（表面：杉淵徳治氏 書）

中国人殉難者慰霊碑碑文（裏面：渋谷巌氏 書）

2010年（平成22年）の慰霊碑建立45年平和祈念特別式典

2014年（平成26年）の殉難者慰霊祭の様子

北海道三笠市　中国人殉難者慰霊碑

2015年（平成27年）の慰霊碑建立50年平和祈念特別式典

2015年（平成27年）の平和祈念特別式典に参加した来賓と会員

（資料提供　加後三郎、西城賢策）

――岩手県釜石市
日中永遠和平の像

日中永遠和平の像

慰霊碑概要

- **名　称**　日中永遠和平の像
- **建立年**　1973 年（昭和 48 年）
- **所在地**　岩手県釜石市大平町　大平公園
- **慰霊碑維持管理**
　　　　釜石市
- **慰霊祭主催**
　　　　釜石市、釜石市日中友好協会
- **慰霊祭開催時期**
　　　　不定期

岩手県釜石市　日中永遠和平の像

強制連行概要

　生産労働力を補うために朝鮮人、中国人の一般人を労働力として利用するという 1942 年（昭和 17 年）の閣議決定を受け、日本屈指の鉄鉱石の産地であった日鉄鉱業釜石鉱業所に 288 名の中国人が連行された。内訳は、1944 年（昭和 19 年）12 月21 日に 196 名、1945 年（昭和 20 年）1 月 8 日に 92 名であった。さらに別ルートで中国湖北省大冶鉱業所から推定 50 名が連行されている。

　過酷な労働と食料不足、厳しい監視の中で多くの人が病に倒れ、このうち 123 名が死亡した。死亡診断書によると、そのうち 78 名が、全身湿疹、全身濃痂疹、敗血症によるものである。さらに終戦後の帰国途中に 1 名が亡くなった。

　釜石では主に鉄鉱石を採掘する過酷な労働を強いられた。死亡者の数も全国で 5 番目に多い数で、労働条件や食料支給状況、生活環境の酷さを物語っている。

慰霊碑建立経緯

　1971 年（昭和 46 年）6 月、日中国交回復岩手県民会議設立総会の席上で、釜石鉱業所の中国人強制連行について実態調査をするべきだとの決議案が提出されたことが始まりだった。その後、県民会議内の委員会で調査を続け、この年の末に釜石鉱業所から死亡者名簿が提出されたことで、犠牲者の慰霊祭と慰霊碑建立の案が浮上した。

　日中国交回復の翌年となる 1973 年（昭和 48 年）7 月 30 日、大平公園内に日中永遠和平の像「飛翔」が建立され、除幕式が行われた。制作は彫刻家の佐藤忠良氏。柱の上に横たわった男性の裸像で、頭は西の中国方向に向き、大陸に向かって手を伸

ばした姿は、遠く離れた祖国へ飛んで帰りたいという殉難者の思いを表したものといわれている。

　この像は翌1974年（昭和49年）に釜石市に寄贈された。

　像の足元には以下の文が刻まれている。

日中戦争のとき　日本軍国主義者は　戦争末期の国内における　労働力の不足を補うため　中国本土から四万一千人に及ぶ　中国人民を強制連行した　ここ日鉄鉱業釜石鉱山には　二八八名の人びとが連行され　鉄鉱石採掘のため働かされた　戦争中の苛酷な労働条件と食糧不足　そして官憲の厳しい監視の中で　次々と病に倒れ　一二四名の中国人民が　尊い生命を失った　日本と中国が　国交を回復したいま　殉難者の霊を慰めるとともに　日本と中国の永遠の平和を念願し　岩手県民の総意によって　この像を製作したものである

　　　　　　　　　　　　　　　　一九七三年七月三〇日

　　　　　　　　　　　日本中国永遠和平の像建設委員会

　　　　　　　　　　　　　　　　制作者　佐藤忠良

慰霊祭開催状況

　像の建立された1973年（昭和48年）7月30日に第1回慰霊祭が営まれた。続いて1994年（平成6年）の釜石市日中友好協会設立10周年の年に第2回目を開催。その後、釜石市の主催によって2001年（平成13年）、2002年（平成14年）と続き、2003～09年（平成15～21年）は隔年で開かれた。第3回の慰霊祭より、中国大使館からも関係者が出席している。

岩手県釜石市　日中永遠和平の像

　しかし、2011年（平成23年）の東日本大震災を機に開催が途絶え、その後も日中関係が影響して再開に至らなかった。戦後70年の節目となる2015年（平成27年）10月17日に6年ぶりに再開され、日中永遠和平の像の前に市や市日中友好協会の関係者ら約40名が集まった。中国駐日大使館参事官ほか全員が献花した。この慰霊祭が9度目となる。

男性像

慰霊祭の献花の様子

慰霊祭の黙祷の様子

碑文

（資料提供　熊谷充善）

64

——秋田県大館市

中国殉難烈士慰霊之碑
日中不再戦友好碑
共楽館址碑

中国殉難烈士慰霊之碑

慰霊碑概要

- 名　称　中国殉難烈士慰霊之碑
- 建立年　1963 年（昭和 38 年）
- 所在地　秋田県大館市花岡町字長森地内 十瀬野公園墓地
- 慰霊碑維持管理
　　　大館市
- 慰霊祭主催
　　　大館市
- 慰霊祭開催時期
　　　毎年 6 月 30 日

秋田県大館市　中国殉難烈士慰霊之碑　他2基

日中不再戦友好碑

慰霊碑概要

- **名　称**　日中不再戦友好碑
- **建立年**　1966 年（昭和 41 年）
- **所在地**　秋田県大館市花岡町姥沢　滝ノ沢沈殿池
- **慰霊碑維持管理**
    花岡の地・日中不再戦友好碑をまもる会
- **慰霊祭主催**
    大館市
- **慰霊祭開催時期**
    毎年 6 月 30 日

共楽館址碑

慰霊碑概要

- **名　称**　共楽館址碑
- **建立年**　1980 年（昭和 55 年）
- **所在地**　秋田県大館市花岡町字姥沢 30 大館市立花岡体育館敷地内
- **慰霊碑維持管理**
　　　　　花岡の地・日中不再戦友好碑をまもる会
- **慰霊祭主催**
　　　　　大館市
- **慰霊祭開催時期**
　　　　　毎年夏ごろ

秋田県大館市　中国殉難烈士慰霊之碑　他2基

強制連行概要

　秋田県花岡町（現在は大館市）の花岡鉱山において、鹿島組が下請けした鹿島組花岡出張所で過酷な労働を強いられた中国人は 986 名であった。1 年 8 か月の間に死亡者は 419 名、死亡率は 42.5％。この数字の背景には 1945 年（昭和 20 年）6 月 30 日の一斉蜂起、花岡事件があった。

　そもそも花岡鉱山が発見されたのは 1885 年（明治 18 年）で、その後、1915 年（大正 4 年）に藤田組に買収され、第二次大戦末期は軍需会社に指定された。一方で、鹿島組花岡出張所は 1944 年（昭和 19 年）3 月に業務を開始した。

　花岡鉱業所では 1944 年（昭和 19 年）に 37 万トン以上の産銅鉱量を記録しているが、これは鉱山従業員の他に徴用工、動員学徒、朝鮮人、中国人によって産出されたもので、1945 年（昭和 20 年）にはアメリカやオーストラリアの俘虜 270 名も加わっている。花岡鉱業所への朝鮮人連行は 1942 年（昭和 17 年）から始まり、合計 2,018 名に及んだ。このうち鹿島組花岡出張所でも「官斡旋」方式で 130 名の朝鮮人を連行、土木工事などに就かせた。

　1944 年（昭和 19 年）初め、政府は藤田組花岡鉱業所に新選鉱場建設を指示した。その付帯工事である鉱滓堆積場建設、具体的には堤防建設、排水暗渠工事、山腹水路工事を請け負ったのが鹿島組であり、1944 年（昭和 19 年）7 月に 299 名の中国人を連行した（到着したのは 294 名）。

　1944 年（昭和 19 年）5 月 29 日、花岡鉱山の七ツ館坑で異常出水、崩落事故が発生した。日本人 11 名と強制連行された朝鮮人 11 名が生き埋めになった「七ツ館事件」である。鉱床の上を花岡川が流れており、その浸水によって発生したものだっ

69

た。藤田組は花岡川の付け替え工事を計画し、これも鹿島組花岡出張所が請け負った。新選鉱場建設に使役していた中国人を10月からこちらの工事に転用するとともに、工事の早期完成のため、鹿島組は1945年（昭和20年）4月に中国人589名を新たに連行（到着したのは587名）、また同年5月には、北海道玉川事業場に投入するため連行した98名を下関で配置替えし、花岡に転用した。なお、藤田組も1944年（昭和19年）に298名の中国人を連行している。

　以上が鹿島組花岡出張所の中国人労働者986名の連行の経緯である。いわゆる「うさぎ狩り」で捕まった農民や商人が主で、日本軍の捕虜となった兵士も少なくなかった。中国人強制連行を定めた閣議決定では年齢は「概ね40歳以下」となっていたが、花岡へ連行された986名のうち307名が41歳以上で、およそ3人に1人の割合だった。

　1944年（昭和19年）夏に、よれよれの作業服を着てすっかり弱りきった男たちの集団を大館駅にいた住民たちが見かけている。花岡鉱山鹿島組へ連行されてきた中国人の第一陣で、国鉄大館駅に到着したところだった。小坂鉄道花岡線の大館駅に向かうわずか100メートルの距離を歩くのもやっとという状態で、異様な光景だったという。

　飢餓と栄養失調、病気、過酷な労働と虐待、暴行によって1945年（昭和20年）6月までの1年足らずの間に137名もの死者が出ていた。遺体は寮から150メートルほど離れた丘で4〜5体ずつ火葬された。4〜5体ずつというのは、薪を節約するためだった。

　1945年（昭和20年）6月30日の22時30分頃、中山寮の

秋田県大館市　中国殉難烈士慰霊之碑　他2基

850名は死を覚悟して蜂起した。この日を選んだのは、中国人に好意的に接した日本人が当直でないことがわかり、巻き込まずにすむからだ。そして蜂起の指導者たちは次のようにも指示していた。「一般住民を巻き込むな、民家に入るな、婦女や子どもに悪いことをするな」と。

中国人たちはまず日本人指導員4名と、日本人側について自分たちを苦しめた中国人1名を殺害した。寮を脱出し、獅子ヶ森にたてこもった。重病で起き上がることのできなかった五十余名は寮に残すしかなく、また脱出したものの体の弱っていた人は神山付近や旧松峰付近で捕らえられた。方向を見失って鹿角や青森県境まで行ってしまった人もいた。

獅子ヶ森の山頂は狭い岩場で、そこに数百名もの中国人が座り込んだ。これに対して、秋田県と青森県の憲兵隊、警察、地元の警防団や住民ら延べ2万4000人が鎮圧に向かい、地域一帯に包囲網が敷かれた。中国人たちは投石などで抵抗したものの、最後は全員捕らえられ、花岡鉱山付属の演芸場だった共楽館の脇の広場に連行された。逃れた人も数日の間に捕まった。

1人ずつ共楽館内へ連れ込まれて、首謀者の追求が始まった。その後も花岡派出所などで憲兵、特高、思想検事によって中心メンバー13名に対する厳しい取り調べが続き、13名のうち12名が殺人および殺人未遂で起訴された。終戦後の1945年（昭和20年）9月11日、秋田地方裁判所は蜂起集団の耿諄大隊長に無期懲役、他の11名には懲役2年から18年の判決を下したが、後にアメリカ占領軍によって解放され、横浜軍事裁判の証人として日本に残ることになった。

後の横浜軍事法廷での陳述によると、過酷な労役、拷問や虐待、死者に対する不当な扱いなど、中国人の生命に対して一片

の考慮もなく、しかも事態は日増しに悪化し、関係者にいくら訴えようとも一度として顧慮を払われることがなかった。なんとしても奴隷状態から抜け出し、同胞の生命を救わねばと考え、いかなる援助も期待できないことは承知の上で決起したという。まさに人間の尊厳を守るための死を賭した抵抗だった。

　当時、中国人の抵抗闘争は数々あったが、一斉蜂起という形での戦いは稀だった。蜂起の指導部のほとんどがもと国民党軍と八路軍だった。

　8月15日の終戦後も、鹿島組はそれまでと同じように中国人たちを働かせた。28日にB29が仙台俘虜収容所第7分所にいるアメリカとオーストラリアの兵士に慰問品を投下するのを見て、異変を感じた中国人は中山寮に引き返し、そこで初めて終戦のことを告げられた。しかし詳しい説明はなく、11月24日に帰還するまでの3か月間、それまでと変わらぬ生活を強いられた。

　その間にアメリカ軍のドゥバーグ大尉によって中山寮の調査も始まった。10月6日に訪れたとき、内部や東南15メートルの位置にあった死体置き場に十余体もの遺体が放置されたままだった。また、ひどく悪化した皮膚病患者9名を写した写真も残っている。その翌日からアメリカ軍医療中隊による調査や清掃、患者の診断と治療が開始された。

　そして、アメリカ軍の指導によって秋田県衛生課は秋田県立女子医学専門学校の医師に中国人労働者の診察を依頼した。その実態を報告した論文「ひとつの事実——花岡鉱山の中国人労働に関する一医師の報告」（『社会評論』1946年（昭和21年）7月号）は、その後の遺骨送還と追悼運動の発端となった。そ

こには「蜂起のとき大量の死者と疲労困ぱい者を出したことと、花岡事件そのものの調査をさらに徹底させることと結びつけて推測」すべきだと述べられている。実際、7月の死者は100名とあり、8月は29名、9月は68名、10月は51名と、この時期に死亡者が集中している。

しかも7月1日から3週間は火葬や埋葬はまったく行われず、7月20日に大きな穴が掘られ、約50体の遺体が埋められた。これが鉢巻山の麓にある通称「大穴」である。すべての遺体が入りきらなかったので、そばにもう1つ穴を掘り、7月25日に約20体が入れられた。それ以降は10月頃まで近くの斜面に88体が個別に埋められた。

こうした遺体や遺骨の発掘にもアメリカ軍が立ち会っている。「大穴」から掘り出された遺体は斜面の裾で野焼きし、火葬した。誰の遺骨か分からぬまま400以上の木箱に入れ、地元の信正寺が引き取った。

11月24日、531名の生存者が中国送還のために花岡を後にした。17名は花岡病院に入院中で、11名が証人として留め置かれた。また秋田監獄に12名が収容されていた。

秋田地方裁判所の判決にあたって中山寮での悲惨な状態がかなり明らかにされ、それは横浜軍事裁判（BC級戦争犯罪裁判）に引き継がれた。秋田軍政部は鹿島組花岡出張所の河野正敏ほか6人を逮捕し、秋田刑務所に収監。CIC（対敵諜報部隊）のウィリアム・シンプソン特別調査官が花岡の中国人労働者13名、鹿島組花岡出張所、大館警察署長に対して12日間にわたる詳細な聞き取りを行い、裁判での重要な証拠とした。

1947年（昭和22年）8月から9月にかけて、新たに鹿島組

花岡出張所関係者2人、前大館警察署関係者2人がスガモ・プリズンに収監された。すでに収監されていた河野ら7人と合わせた11人のうち鹿島組花岡出張所関係者6人、前大館警察署関係者2人の計8人を追訴し、軍事委員会によって裁判が行われた。原告はアメリカ合衆国、被告は河野ら8人で、1947年（昭和22年）11月26日から1948年（昭和23年）3月1日にかけ、50回にわたって開廷された。検察側は生存者の証言を重視し、中国人労働者の陳述書など40以上の証拠が提出され、9名の中国人が証人として立った。

　1948年（昭和23年）の判決では絞首刑3人、終身刑1人、懲役20年が2人、無罪2人。後の法務官の再審査によって、絞首刑3人のうち2人が終身刑に、1人が有期刑に減刑され、6人が巣鴨プリズンに収監されることになった。しかし、1954年（昭和29年）以降に6人全員が釈放された。

慰霊碑建立経緯

　1949年（昭和24年）に姥沢に人骨が散乱しているのを地元の朝鮮人2名が発見した。それを知った留日華僑民主促進会や日本中国友好協会準備会が現地を調査し、1950年（昭和25年）1月11日付の「華僑民報」で発表した。これが花岡事件についての最初の報道となり、社会に広く知られるようになった。1950年（昭和25年）9月には、さらに「大穴」から8柱の遺骨が発見された。

　こうした中で日本中国友好協会が結成され、遺骨送還と慰霊事業が進められた。1953年（昭和28年）に「中国人"俘虜"殉難者慰霊実行委員会」の働きで遺骨が送還されることになったが、これは日本政府が遺骨の送還に反対しており、さまざま

な妨害もある中で、画期的なことだった。420柱の遺骨は大館駅を後にし、7月初めに東京から第1次遺骨送還船「黒潮丸」で出航、太沽埠頭に到着した。以後、1964年（昭和39年）11月まで9次にわたって遺骨の送還が行われた。

1960年（昭和35年）4月中旬にも、同和鉱業花岡鉱業所の下請けである藤田建設が鉱滓ダムの工事中に中国人2名の遺体を発見した。同和鉱業はこの遺体を信正寺裏の「華人死没者追善供養塔」脇に埋めた。それを知った中国人“俘虜”殉難者慰霊実行委員会など16団体は現地調査を行った。そして遺骨がまだ出土する可能性があるとして、犠牲者の遺体発掘、収集のための「一鍬運動」を全国に呼びかけた。

一方で、当時の花矢町長［花岡町と矢立村が1955年（昭和30年）に合併して花矢町となった］が当事者企業である鹿島建設と同和鉱業と交渉し、町を含めた三者で碑を建立することになった。1963年（昭和38年）に十瀬野公園墓地に「中国殉難烈士慰霊之碑」が完成。11月24日に除幕された。石碑の裏面には鹿島組中山寮での殉難者419名、同和鉱業東亜寮での殉難者10名の故人名が刻まれている。

市民の間では「慰霊10周年事業」計画が進められた。1964年（昭和39年）に日中不再戦友好碑建立実行委員会が組織され、碑建立に向けての募金活動が始まった。

この背景には滝ノ沢第二ダムの建設も関係した。中山寮のあった場所がダムの底に沈むことになり、中国人がここに強制連行されたこと、遺骨が埋められていたこと、花岡事件という事実があったことすら忘れられてしまう。せめて石碑を建てて、

日中不再戦、日中友好の誓いにしよう、という声が高まったのである。

　こうして1966年（昭和41年）に「日中不再戦友好碑」が祖国中国の方向を望む形で完成し、5月22日に除幕式が行われた。建立にあたっては3,300名以上もの人から75万円余りの募金が寄せられた。正面には「日中不再戦友好碑」、側面には郭沫若氏による「発展傳統友誼　反對侵略戦争」の文字が刻まれている。裏面には「日本中国両国心ある人々の援助の下にここに日中不再戦友好碑を建立する。脚下鉱泥青く湛えるダムの底は一九四四年四五年に日本軍国主義により不法に連行され来った中国人九九三名の住まれた中山寮の跡であり言語に絶する虐待に倒れた烈士と一九四五年六月三十日人間と労働と祖国の尊厳を守るため一斉蜂起して日本帝国主義に反抗し遂に壮烈な最後を遂げられた殉難烈士と合わせて四百十八名の遺骸の埋められた跡である。われらは永遠にこの事実を銘記し石に刻して両国人民子々孫々に至るまでの不再戦友好の誓とする。　一九六六年一月　中国人〝俘虜〟殉難者秋田県慰霊実行委員会」という碑文が記されている（数字などは当時判明していたもので、のちに訂正）。

　また、花岡事件によって捕らえられた中国人労働者が収容された共楽館が1978年（昭和53年）に解体されることになった。惨劇の舞台でもあり、重要な史跡として保存運動が起こったが聞き入れられず、解体作業が強行されてしまった。その直後から、ここに共楽館があったことと花岡事件との関係を記すモニュメントを設置すべきだとの声が広まり、1980年（昭和55年）6月に「共楽館址碑」が完成。市主催の除幕式が行われた。

秋田県大館市　中国殉難烈士慰霊之碑　他2基

碑文は次の通りである。

　太平洋戦争中日本の労働力補給のため中国から強制連行された中国人は約四万名に達する。そのうち同和鉱業花岡の下請け鹿島組に配されたのは九八六名でうち七名は輸送途中で死亡している。この人々は姥沢の中山寮に入れられ酷しい監視の下に苛酷な労働と劣悪な生活条件のため続々と死者が出た。一九四五年（昭和20年）六月三十日夜、生き残った全員約八百名が人間の尊厳を守り日本軍国主義に一矢を報いようと一斉蜂起し獅子ヶ森に拠った。日本の憲兵・警察・在郷軍人会・警防団などに包囲され厳しい戦闘の後殆ど全員捕らえられ共楽館のこの庭に繋がれ炎天下三日三晩食も水も与えられず拷問取り調べを受け次々と倒れた。七月の死者一〇〇名と記されているがその悲惨さは言語に絶するものがあった。今日日中両国の友好平和条約が結ばれたがわれわれはかつてのこの事実を忘れず日中両民族不再戦友好の誓いを新たにしなければならない。

　　　　一九八〇年三月　武田武雄　撰　　乾　須美　書

　そして、2010年（平成22年）4月に「花岡平和記念館」も開館した。これはNPO花岡平和記念会の呼びかけに応じた全国からの寄付金をもとにして、中国人が苦役した花岡川のほとりに建てられた。花岡事件についての展示と資料収集を続けている。

慰霊祭開催状況

　1963年（昭和38年）の「中国殉難烈士慰霊之碑」建立後、

花矢町の主催で毎年8月か10月に碑前で慰霊祭が営まれていた。1967年（昭和42年）12月に花矢町が大館市に合併されると、慰霊事業もそのまま引き継がれた。

一方で、地元住民、民間団体の慰霊祭として、「日中不再戦友好碑」の丘で「不再戦・友好・平和の集い」も毎年6月30日に行っている。

1985年（昭和60年）、花岡事件40周年にあたって、大館市の主催で6月30日に「平和祈念祭・日中友好親善のつどい」が実施された。その後は毎年6月30日に中国殉難烈士慰霊之碑前で「中国人殉難者慰霊式」が続いている。1987年（昭和62年）以降は中国から生存者も来日し、延べ200名以上の生存者や遺族が参列している。

花岡事件50周年にあたる1995年（平成7年）の「中国人殉難者慰霊50周年式典」には生存者と遺族8名が出席した。

秋田県大館市　中国殉難烈士慰霊之碑　他2基

2013年（平成25年）、殉難者慰霊式に参加した訪日団

日中不再戦友好碑における「花岡事件フィールドワーク」

（資料提供　福原淳嗣）

——秋田県大館市

七ツ館弔魂碑
中国人殉難者供養塔

七ツ館弔魂碑

慰霊碑概要

- **名　称**　七ツ館弔魂碑
- **建立年**　1968 年（昭和 43 年）移設
- **所在地**　秋田県大館市花岡町字七ツ館 25 信正寺
- **慰霊碑維持管理**

    信正寺
- **慰霊祭主催**

    花岡の地・日中不再戦友好碑をまもる会
- **慰霊祭開催時期**

    毎年 6 月 30 日

秋田県大館市　七ツ館弔魂碑・中国人殉難者供養塔

中国人殉難者供養塔（華人死没者追善供養塔）

慰霊碑概要

- **名　　称**　中国人殉難者供養塔（華人死没者追善供養塔）
- **建立年**　2001年（平成13年）再建
- **所在地**　秋田県大館市花岡町字七ツ館25 信正寺
- **慰霊碑維持管理**
     　信正寺、花岡の地・日中不再戦友好碑をまもる会
- **慰霊祭主催**
     　花岡の地・日中不再戦友好碑をまもる会
- **慰霊祭開催時期**
     　毎年6月30日

強制連行概要

秋田県大館市「中国殉難烈士慰霊之碑」「日中不再戦友好碑」「共楽館址碑」（p.69）参照。

慰霊碑建立経緯

鹿島組花岡出張所での犠牲者の遺体は、1945年（昭和20年）11月、アメリカ軍の立ち会いの下で鉢巻山麓の通称「大穴」から掘り出された。その後、火葬された四百余柱の遺骨は木箱に納められ、鹿島組の要請で信正寺に運び込まれた。信正寺ではそれ以前にも中山寮犠牲者の霊を弔ったことがあった。

遺骨は狭い本堂いっぱいに置かれ、檀家の葬儀にも支障があるほどだった。信正寺は鹿島組に対し、納骨堂を造って手厚く弔いをするよう申し入れたが聞き入れられなかったため、1949年（昭和24年）11月まで本堂に安置し、供養し続けた。信正寺はその後の遺骨発掘、送還、友好碑建立などすべての慰霊に関わっている。

1949年（昭和24年）になって遺骨発掘運動が高まり、中華人民共和国の成立などによって国際的非難が起こるのを恐れた鹿島組が、信正寺裏の畑の地下に納骨堂を設置し、「華人死没者追善供養塔」を建てた。これは信正寺の要請とはまったく異なる形で、コンクリートの納骨堂に遺骨を入れ、その上に小さな供養塔を建てたもので、まるで事実を隠蔽するかのようなものだった。

現在の「中国人殉難者供養塔」は2001年（平成13年）6月に鹿島建設が再建したものである。元の碑は廃棄されようとしたが、生存者と遺族で結成する「花岡受難者聯誼会」はこれも強制連行の実態の象徴であるとして、保存するように求めた。

秋田県大館市　七ツ館弔魂碑・中国人殉難者供養塔

元の碑は今も供養塔の背後に置かれている。

　なお、鹿島組花岡出張所の中国人が投入された花岡川の付け
替え工事は七ツ館坑の崩落事故をきっかけとしており、「七ツ
館弔魂碑」も信正寺の墓地の南端に立っている。もともとは七
ツ館の事故現場にあったが、残された鉱石を掘り出すことにな
り、作業の障害になるという理由でここに移転された。

慰霊祭開催状況

　1950年（昭和25年）7月1日、当時の町長が個人として施
主となり「華人死没者追善供養塔」の前で供養したのが地元で
の最初の慰霊式である。9月に発掘された8柱の遺骨も信正寺
に安置され、10月、遺骨を東京へ移送するにあたって中央団
体と町長主催による慰霊祭も営まれた。

　1951年（昭和26年）7月1日には中国人遺族代理を施主と
する七回忌慰霊祭が信正寺本堂で営まれている。地元住民、民
間団体の慰霊祭はこれが初となり、鉱山部、農村部ほとんど全
戸から弔慰金が寄せられた。以降、慰霊祭は毎年行われている。

　1953年（昭和28年）3月25日、中国人“俘虜”殉難者慰霊
実行委員会は「華人死没者追善供養塔」からすべての遺骨を取
り出し、新しい骨箱に納めかえて、中国人留学生が1箱ずつ故
人の名前を記した。そして花岡町主催で慰霊祭を営み、翌26日、
慰霊実行委員会代表らに捧持されて東京へと向かった。浅草の
東本願寺で行われた慰霊大法要を経て、7月にようやく遺骨は
中国に送還された。

　1957年（昭和32年）12月には中国紅十字会が慰霊運動に謝
意を表して来日し、信正寺で墓参りをした。その後に共楽館で

行われた歓迎会には町民が大勢参加した。

1963 年（昭和 38 年）6 月に発掘された遺骨は 12 箱に納められて、やはり信正寺に安置され、供養会が営まれた。また 11 月 24 日の「中国殉難烈士慰霊之碑」除幕式後にも信正寺で「中国人"俘虜"殉難者秋田県慰霊祭」が行われている。

1971 年（昭和 46 年）10 月に「花岡の地・日中不再戦友好碑をまもる会」が発足すると、これ以後は「まもる会」によって毎年 6 月 30 日に信正寺で「花岡事件中国殉難烈士慰霊祭」並びに「日中不再戦友好平和の集い」が開かれている。同時に七ツ館事件犠牲者を追悼する「七ツ館犠牲者碑前慰霊祭」も行っている。

（資料提供　蔦谷達徳）

―山形県酒田市

酒田港中国人強制連行被害者慰霊碑
（建碑運動中）

慰霊碑概要

- **名　称**　未定（建碑運動中のため）
- **建立年**　未定（建碑運動中のため）
- **所在地**　未定（建碑運動中のため）
- **慰霊祭主催**

　　　　　酒田港中国人強制連行を考える会、
　　　　　日中友好協会酒田支部

- **慰霊祭開催時期**

　　　　　毎年 10 月後半〜 11 月前半ごろ。

強制連行概要

　酒田港は鐵興社を中心に県内最大の軍需工業地帯となり、北海道や中国、朝鮮から石炭や鉄鉱石、岩塩、大豆や木材などが運ばれてきた。戦争末期、太平洋側の港が爆破されるなどして使えなくなると、酒田港の重要性がいっそう増し、月に平均 15 隻、多いときは 1 日 4 隻もの船が入港した。働き手の多くが兵隊にとられていたため、地元の婦人会や県内各地からの勤労報国隊、旧制中学生や高等女学生も動員され、さらに朝鮮人労働者やイギリス人など連合軍の捕虜もいたが、それでも労働力不足は深刻だった。そこで、危険で厳しい港での荷揚げ作業に中国人があてられることになった。

　連行された中国人は 338 名だった。年齢層は 20 〜 30 歳台が 81.3％を占めていたが、下は 14 歳、上は 57 歳までいた。河北省唐山市周辺の農村出身者がほとんどで、農民と労働者が大半だった。

　第 1 陣は 1944 年（昭和 19 年）11 月に天津市の塘沽港を石炭運搬船に乗せられて発った 200 名だった。華北労工協会に

よって集められ、中国人の間で「死の家」と呼ばれた塘沽収容所に貨物列車で連行された。そこから日本港運業会が引き受けて船に乗せ、下関港で体や衣服などを消毒して華工管理事務所（日本港運業会によって設置された酒田の中国人管理事務所）に引き渡した。下関港までほぼ1か月を要しての移動だった。船での食事は粟を炊いたもので、便所がなく、船の上に板を渡しただけだったので揺れて海に落ちてしまった人もいるとか、首吊り自殺者もいたという証言もある。下関から酒田駅までの列車の中でも死亡者が1名いた。

　第2陣の138名は1945年（昭和20年）5月に東京から移動した。1944年（昭和19年）8月27日に塘沽港を出発し、東京の芝浦港に連行された477名の一部である。東京に到着するまでの船の中で10名、その後129名が亡くなっている。山西省の出身者が多い。八路軍の重要な根拠地であったために捕虜が多かったのである。

　その338名を受け入れたのは酒田港湾運送であった。

　1945年（昭和20年）10月までに累計396名が病気になった。罹病率117％ということになる。

　死亡者は31名と全体の約1割にのぼった。病死が23名で、ほとんどが飢餓と過重労働によるものだった。負傷者が4名（重傷2名、軽傷2名）、障害の残った者2名（失明）も記録されている。1945年（昭和20年）6月の空襲で2名が死亡。逃亡轢死も3名あった。敗戦から帰国までの3か月の間にも13名が亡くなった。

　終戦後も作業は停止することはなく、日本の敗戦が中国人に知られないよう新聞を見せないなど徹底していたようだ。生存者の1人は、8月下旬に米軍による連合軍捕虜への物資投下が

行われたことで日本の敗戦を知ったと語っている。酒田に来た占領軍の指示で、宿舎が狭いので、当時閉校していた酒田日満工業学校の宿舎へ10月13日に移転した。

帰国直前に6名が逃亡するという事件があった。そのうち1人は通訳で「いっしょに帰るとみんなからリンチをうけるので逃げた」というのが警察署の調査の報告であった。他の5名については理由が不明のままである。

生存者301名は1945年（昭和20年）11月29日に酒田駅を発ち、12月1〜3日に佐世保浦頭港を出航した。その後、中国に帰る途中で亡くなった人もいれば、帰国後に酒田で受けた虐待の後遺症で働けないことを苦に自殺した人もいる。

慰霊碑建立経緯

中国人労働者が亡くなると酒田市の海晏寺が親身になって世話をした。死亡者31名のうち、30人分の遺骨は帰国時に持ち帰られたことになっているが、遺族の中には「もらっていない。日本に連行されたことも知らなかった」という人もいる。

残る1人の遺骨は、戦後も海晏寺で手厚く弔われていたが、1954年（昭和29年）11月に日中友好協会山形支部の役員が遺骨を受け取り、中国へ送還した。

慰霊碑建立については運動中である。

慰霊祭開催状況

1998年（平成10年）に第1回目の慰霊祭が海晏寺で行われた。以来、毎年同じ場所で行われている。

（資料提供　高橋幸喜）

——福島県耶麻郡猪苗代町
中国人殉難烈士慰霊碑

中国人殉難烈士慰霊碑

慰霊碑概要

- **名　称**　中国人殉難烈士慰霊碑
- **建立年**　1971 年（昭和 46 年）
- **所在地**　福島県耶麻郡猪苗代町沼ノ倉
- **慰霊碑維持管理**
    福島県中国人殉難烈士慰霊碑保存会
- **慰霊祭主催**
    福島県日中友好協会
- **慰霊祭開催時期**
    1971 年（昭和 46 年）5 月 23 日の慰霊碑追悼除幕式以来、毎年 7 月 7 日前後の休日に開催。

福島県耶麻郡猪苗代町　中国人殉難烈士慰霊碑

強制連行概要

　1942 年（昭和 17 年）11 月、東条内閣の閣議により、日本国内の労働力を補うため、中国大陸から俘虜や一般市民を強制的に連行する決定がなされた。福島県では、会津地区の 2 つの発電所（猪苗代町沼ノ倉、大沼郡宮下）の工事に計 1,000 名を強制連行して使役し、うち 25 名を死に至らしめた。

　沼ノ倉事業場は、日本発送電猪苗代水力発電所建設のため、水路開渠とコンクリート用の砂利採取を熊谷組沼ノ倉作業所が請け負った。1944 年（昭和 19 年）10 月 10 日に第 1 次 200 名、24 日に第 2 次 148 名、28 日に第 3 次 228 名、11 月 2 日に第 4 次 136 名の、いずれも天津市塘沽から乗船した計 712 名が作業所に到着したが、同年 11 月から翌年 1 月初めにかけてのわずか 2 か月ほどの間に、このうち 13 名が死亡した。死亡時の年齢は 50 代が 3 名、40 代が 3 名、30 代が 5 名、20 代が 2 名。

　宮下事業場は、飛島組宮下作業所による砂利採取と採石作業に、やはり塘沽から乗船した 288 名が使役された。1944 年（昭和 19 年）6 月の到着後、帰国までに 12 名が死亡している。死亡時の年齢は 40 代が 1 名、30 代が 5 名、20 代が 6 名で、最年少は 20 歳だった。死因は疾病のほか、負傷が元になったと思われるものが目立つ。作業中の負傷者は 123 名、罹病者は 176 名で、著しい障害の残った人も 3 名いる。また、帰国途中にも 1 名が死亡した。

慰霊碑建立経緯

　福島県では 1956 年（昭和 31 年）から中国人殉難者の遺骨実態調査が始まった。1967 年（昭和 42 年）2 月まで数次にわたり、県、公、民合同による綿密な調査を行い、把握されている資料

93

の限りにおいては 25 名の遺骨の残骨分が発見される可能性は少なくなったことが確認された。

こうした活動の中で、慰霊碑建立を求める声が上がるようになっていた。1967 年（昭和 42 年）2 月、中国帰還者代表の大槻市郎氏が福島県仏教会と福島県当局の賛同を得て、同年 5 月、福島県中国人殉難烈士慰霊実行委員会が結成された。

結成後は会津地方の各市町村をはじめ、のちには全国各界に支持と協力を依頼し、募金の呼びかけや用地の選定、買収を行ったが、さまざまな妨害行為に遭い、順調には進まなかった。しかし関係者の粘り強い活動により、170 万円を超える募金と、全国各地の協賛団体 693、協賛人員 57,929 人の協力を得て、1970 年（昭和 45 年）8 月に慰霊碑起工、同年 10 月 31 日、高さ約 5m の碑塔が完工に至った。さらに石段などの整備を経て、翌 1971 年（昭和 46 年）5 月 23 日、序幕式が開催された。

慰霊祭開催状況

1956 年（昭和 31 年）7 月、中国の戦犯管理所で服役していた大槻市郎氏ら福島県出身者が寛大政策により帰国した。これら帰還者が中心となり、日中友好協会福島県本部と協力して、強制連行被害者の遺骨発掘と送還、慰霊のための調査を始めた。

数次の調査を重ね、1964 年（昭和 39 年）9 月、沼ノ倉にて中国人殉難者の遺骨 1 体を発見、同年 11 月 1 日に猪苗代町西円寺にて慰霊祭を行った。このとき、同時に朝鮮人殉難者の供養祭も併せて行った。

1965 年（昭和 40 年）11 月 7 日、西円寺において沼ノ倉中国人殉難者・朝鮮人殉難者合同供養祭を執行。1971 年（昭和 46 年）

福島県耶麻郡猪苗代町　中国人殉難烈士慰霊碑

の慰霊碑追悼除幕式以降は毎年7月7日前後に慰霊祭を行っている。

1968年（昭和43年）、慰霊碑の杭打ち

1971年（昭和46年）の慰霊碑除幕式

2010年（平成22年）の慰霊祭の様子

（資料提供　渡部英一、深谷幸弘）

——栃木県日光市
中国人殉難烈士慰霊塔

中国人殉難烈士慰霊塔

慰霊碑概要

- **名　称**　中国人殉難烈士慰霊塔
- **建立年**　1973 年（昭和 48 年）
- **所在地**　栃木県日光市足尾町字丸石沢
- **慰霊碑維持管理**

　　日光市役所足尾総合支所
- **慰霊祭開催時期**

　　1995 年（平成 7 年）まで開催していたが、現在は開催していない。

栃木県日光市　中国人殉難烈士慰霊塔

強制連行概要

　足尾銅山は、1610年（慶長15年）に2人の農民が備前楯山で銅鉱を発見し、幕府直轄の鉱山となった。1877年（明治10年）に古河市兵衛の経営となって、数年後に有望鉱脈が発見され、明治政府の富国強兵策の下、急成長を遂げる。しかし一方、このころから精錬所による鉛害が渡良瀬川周辺の農民を苦しめる足尾銅山鉱毒事件も問題となった。中国侵略を進める日本は、1937年（昭和12年）、日中戦争に突入し、不況のため休業状態だった工場でも軍需工場に指定されるところが増え、失業者たちが動員された。足尾銅山でもこの体制にならって、足尾銅山鉱業報告会が作られ、各坑課ごとに増産運動が行われた。1935年（昭和10年）当時の足尾銅山の従業員は6,596人で、全員日本人であった。しかし、「戦争が進むにつれ、職場の中堅層は、徴兵に狩り出され、あるいは、足尾より労働条件の良い軍需産業へ転職する」（『足尾銅山労働運動史』）人が多くなり、労働力不足が深刻になった。その不足分を補うため、まず1940年（昭和15年）から朝鮮人連行者を銅山に入れ、主に坑内の運搬夫として使うようになった。

　1942年（昭和17年）11月に政府が「華人労務者内地移入ニ関スル件」を閣議決定して以降、1943年（昭和18年）4月から1945年（昭和20年）7月まで169集団38,935名の中国人が日本に強制連行された。足尾銅山へは、ピーク時の1944年（昭和19年）10月に中国河北省石門（石家荘）俘虜収容所から労工狩りにあった者82名、11月初旬に八路軍および国民党正規兵175名の計257名が連行された。年齢は17〜60歳まで、うち30歳未満が62.2％という働き盛りの年代が中心であった。

　中国人の収容所は庚申川右岸にあり、興亜寮と呼ばれた。こ

こには朝鮮人約800人と中国人257人が収容されていたという。当時、朝鮮人と中国人を一緒に収容しているのは全国的にも珍しい。普通は、接触できないよう別々に収容していた。

　足尾で死亡した中国人連行者は、109名（42.4%）となっている。

慰霊碑建立経緯

　1972年（昭和47年）の日中国交正常化後、こうした中国人たちの供養のため、慰霊塔を建立し、殉難者の法要を営むべきだとの声が上がる。その後、日中国交回復栃木県民会議理事会において、中国人殉難者慰霊栃木県実行委員会発起人会に提案する議題および資料の検討に入り、1972年（昭和47年）10月13日に発起人会を開催し、規約などを決定した。10月23日に第1回幹事会を開催。1973年（昭和48年）1〜2月に実行委員会および幹事会を開催し、慰霊塔の建設地、形式、設計内容、請負業者、除幕式ならびに法要などについて審議した。

　1973年（昭和48年）7月に、建立費用約650万円をかけて慰霊塔が完成した。鉄筋コンクリート造りで、高さ13メートル、幅、奥行きともに6メートルである。翌1974年（昭和49年）4月、慰霊塔、建立費用の残金、その他実行委員会が所有するすべての財産が旧足尾町に引き継がれた。2006年（平成18年）3月に、今市市、日光市、藤原町、足尾町および栗山町が広域合併して、新しい日光市が誕生し、合併後、日光市役所足尾総合支所では、従来どおり、職員が慰霊塔周辺の除草や塔上部に作られたハチの巣駆除の作業などを実施している。

　建立後の十三回忌を前に再調査したところ、足尾町に連行され死亡した中国人109名の他に、終戦後、仲間たちに責められ

栃木県日光市　中国人殉難烈士慰霊塔

自殺した通訳がいたことが判明。現在、慰霊塔には110名の名が刻まれ供養されている。

慰霊祭開催状況

　1973年（昭和48年）7月29日、翌日の慰霊塔除幕式に参列するために来県した中国大使館の代表への歓迎レセプションを開催し、7月30日、現地にて中国人殉難烈士慰霊塔開眼法要除幕式を開催。その後、1982年（昭和57年）から1987年（昭和62年）にかけて、中国大使館参事官がたびたび来町し、慰霊祭を実施している。1986年（昭和61年）の十三回忌の際は、実行委員会を組織し盛大な慰霊祭を行った。1989年（平成元年）から1995年（平成7年）にかけて旧足尾町は、立正佼成会が開催する慰霊祭にさまざまな形で協力。1996年（平成8年）以降は、慰霊塔周辺の除草作業などを実施している。

1973年（昭和48年）の開眼法要除幕式の様子

1973年（昭和48年）の開眼法要除幕式の様子

慰霊塔への入り口には案内の看板が立っている

（資料提供　星野隆之）

——群馬県太田市
日中不再戦中国人烈士慰霊之碑

日中不再戦中国人烈士慰霊之碑

慰霊碑概要

- **名　称**　日中不再戦中国人烈士慰霊之碑
- **建立年**　1977 年（昭和 52 年）
- **所在地**　群馬県太田市西長岡町 728 長岡寺
- **慰霊碑維持管理**
   　　　長岡寺、日中友好協会群馬県連合会
- **慰霊祭主催**
   　　　長岡寺、日中友好協会群馬県連合会
- **慰霊祭開催時期**
   　　　毎年 4 月

強制連行概要

　1945 年（昭和 20 年）4 月 25 日、長野県木曽谷の発電所建設工事に従事していた中国人のうち 280 名が藪塚(現在は太田市)の鹿島組藪塚出張所へ連行されてきた。捕虜になった人や、中国で拉致され強制連行された民間人たちである。終戦後の 11 月までの 7 か月で 50 名が死亡、24 名が負傷と犠牲者が相次いだ。

　現場は鹿島組が請け負った中島飛行機太田製作所の地下工場建設工事で、トンネルを掘り、地下壕作りが行われた。鹿島組社史によれば「延長 400 メートル、幅 4 メートル、高さ 4 メートルの素掘りのトンネルを 18 メートル間隔で 36 本掘り、飛行機を組み立てる場所は高さ 10 メートルに達する厖大なものであった」という大工事だった。

　藪塚に送られてきた時点ですでに、181 名が病人という悲惨な状況だった。両眼失明者 48 名、片眼失明者 22 名、トラホーム（角結膜炎）疾患者 37 名、夜盲症疾患者 19 名、肺腸疾患者 55 名である。

　現場では満足な治療もなく、10 時間労働の二交代制で働くという日々が続いた。

　その結果、伝染性疾患 155 名、消化器疾患 47 名、眼病 107 名を含む 331 名が罹病し、50 名が死亡、20 名が失明した。このうちの 17 名は日本敗戦後すなわち作業の停止後に死亡している。

　命を落とした人々は長岡寺によって葬儀と供養が行われた。

慰霊碑建立経緯

　1953 年（昭和 28 年）7 月に殉難者の遺骨調査が行われ、同

年8月1日に「中国人"俘虜"殉難者慰霊群馬県実行委員会」が組織された。構成団体は県仏教会、日本赤十字、平和連絡会、県市議長会、華僑総会などの26団体。

1972年（昭和47年）、日中友好協会群馬県連合会が地下トンネル工場の入り口付近に「トンネルの由来」の立て札を設置した［老朽化したため1996年（平成8年）に「旧中島飛行機地下工場跡」として立て替え］。1977年（昭和52年）には殉難者が祀られる長岡寺に慰霊碑が建立された。「日中不再戦」を謳った日本で初めての慰霊碑である。

慰霊祭開催状況

1953年（昭和28年）9月7日に合同慰霊祭が営まれて以来、毎年欠かさず長岡寺で慰霊祭が行われている。2015年（平成27年）で第63回目となった。住職の読経と参列者焼香の後、二胡グループの演奏や太極拳の披露、学習会や交流会が持たれている。

2012年（平成24年）の第60回長岡寺慰霊祭の様子

群馬県太田市　日中不再戦中国人烈士慰霊之碑

2013年（平成25年）の第61回長岡寺慰霊祭の様子

2014年（平成26年）の第62回長岡寺慰霊祭の様子

2014年(平成26年)の第62回長岡寺慰霊祭の様子

2014年(平成26年)の第62回長岡寺慰霊祭の太極拳披露

(資料提供　松永守男)

——神奈川県相模原市
相模湖湖銘碑

相模湖湖銘碑

慰霊碑概要

- **名　　称**　相模湖湖銘碑
- **建立年**　1993年（平成5年）
- **所在地**　神奈川県相模原市緑区与瀬317-1 相模湖公園
- **慰霊碑維持管理**
　　　　神奈川県
- **慰霊祭主催**
　　　　相模湖・ダム建設殉職者合同追悼会実行委員会
- **慰霊祭開催時期**
　　　　毎年7月末に開催

神奈川県相模原市　相模湖湖銘碑

強制連行概要

　相模ダムは 1940 年(昭和 15 年)に起工し、1947 年(昭和 22 年)に完成した日本初の多目的ダムである。ダム工事には最初、東北や北陸地方などから労働者が集められたが、戦況が激化するにしたがって朝鮮人が連れてこられるようになった。1944 年(昭和 19 年) 4 月には山東省で捕虜となった 300 名近くが連行され、強制的に働かされた。

　連行された中国人のうち 28 名が亡くなった。

　『相模川流域誌』では中国人強制労働について次のように記述している。「中国人の労働力は昭和 19 年（1944）に 296 人が連行されている。連行者は中国の八路軍などの兵士がおもであって中国内の収容所から送られ、昭和 20 年（1945）まで与瀬作業所に配属された。病気をおもに多くの人々が死亡し中国に帰国できなかった。中国人の労働力は延べ 64 万人となっている」

慰霊碑建立経緯

　相模ダム完成と前後して 1947 年（昭和 22 年）にダムの右岸上流に木製の慰霊塔が建てられた。腐食のため 1962 年（昭和 37 年）に石碑として再建され、背面には中国人殉難者と学徒動員でダム建設に従事し犠牲となった学生を除く 52 名の殉職者の名前が刻まれた。

　1979 年（昭和 54 年）に相模湖大橋脇の築山に慰霊碑が建てられた。のちに、亡くなった犠牲者全員の名を刻名しようという声が上がり、1993 年（平成 5 年）、湖を一望する湖畔に新湖銘碑建立という形で実現した。『相模川流域誌』によると、1991 年（平成 3 年） 7 月に殉職者合同追悼会実行委員会が当時の県知事と面談し、知事名で湖銘碑を、と要望した。それに対して知事は「知

111

事の名前でやりましょう。企業庁では判断できない問題も含まれるので、民際外交として全体としての取組が必要です」と応えて、完成に至った。黒御影石の台座に太陽をイメージした球形の赤御影石を載せたモニュメントで、台座の4面に当時の労働実態が中国語、ハングル、日本語で刻まれている。犠牲となった中国人、学生を含む83名すべての氏名もそれぞれの国の文字で刻名されている。こうした慰霊碑は全国で初めてのことだった。

　碑文は以下の通りである。

　相模湖は、わが国で初めての多目的ダムによる人造湖で、昭和十五年に起工され、戦後、昭和二十二年に完成しました。

　私たち神奈川県民は、今もこのダムと湖から、はかりしれない恩恵—命の水と水力発電によるクリーンエネルギーを享受しています。

　工事には、戦時下の労働力不足のもとで、日本各地から集められた労働者、勤労学徒のみならず、捕虜として連れてこられた中国人、当時植民地であった朝鮮半島から国の方策によって連れてこられた方々など、延べ三百数十万人が従事されました。

　この歴史的事実の完成にあたっては、水没者や地元の方々の大きなご協力と工事にかかわられた方々のご労苦、殉職、病没等の尊い犠牲があったことを忘れることはできません。

　私たちは、世界の人々と共に生きる地域社会の創造を願い、ここにあらためて、礎石とられた地元をはじめ、関係者の方々に心から感謝するとともに、不幸にして亡くなられた日本各地の出身者、勤労動員の年少者、中国人、韓国・朝鮮人の方々のお名前を記し、謹んで哀悼の意を表します。

　　　　　　　　平成五年十月神奈川県知事　長洲一二

神奈川県相模原市　相模湖湖銘碑

慰霊祭開催状況

　相模湖・ダム建設殉職者合同追悼会は 2015 年（平成 27 年）で 37 回を数える。

　1979 年（昭和 54 年）から「相模湖・ダムの歴史を記録する会」によって毎年夏に相模湖大橋脇の慰霊碑前で慰霊祭が催されていた。それが 22 回目より相模湖交流センターに会場が移り、二部形式に変わった。一部は追悼のセレモニー、二部は殉難した 3 民族の文化交流となっている。

　毎年、芸術関係者がボランティアで協力して、ドキュメンタリー映画やモニュメントの制作、演奏や舞踏、そして地元小中学生による合唱や詩の朗読などもある。これをきっかけに強制労働のあった事実を初めて知る若者も多い。

　同じ日に遊覧船による湖上追悼も行われ、ガイドの話を聴きながら相模湖に投花し、追悼の思いを捧げている。

2013 年（平成 25 年）の第 35 回殉職者合同追悼会の様子

2013年（平成25年）の第35回殉職者合同追悼会の様子

2013年（平成25年）の第35回殉職者合同追悼会の様子

（資料提供　太田顕）

――富山県高岡市

日中友好の碑

日中友好の碑

慰霊碑概要

- 名　称　日中友好の碑
- 建立年　1979 年（昭和 54 年）
- 所在地　富山県高岡市伏木湊町伏木富山港
- 慰霊碑維持管理
　　　　高岡市
- 慰霊祭主催
　　　　高岡市日中友好協会
- 慰霊祭開催時期
　　　　毎年 10 月

富山県高岡市　日中友好の碑

強制連行概要

1943年（昭和18年）から1945年（昭和20年）にかけて強制連行された数百名の中国人が伏木富山港で港湾労働に強制的に従事させられた。そのうち17名が亡くなった。

また、大阪中国人強制連行受難者追悼実行委員会の調査によれば、「伏木湊町にあった日本港運業会伏木労工管理事務所に、1次〜3次で計865名が連行された。第1次1943年（昭和18年）4月（出発日不明）に連雲港から出港して4月16日伏木着の222名（華北運輸介在）、第2次1944年（昭和19年）4月10日出港の392名（伏木着が4月18日）、第3次1944年（昭和19年）9月15日上海出港の251名（伏木着が10月3日）などで、主に港湾荷役に従事させられた。そこから一部が大阪など各地の日本港運業会の事業所に配置させられていった」という情報もある。

第1次の222名に関しては、中国人“移入”の発端であるとされていて、三井鉱山田川鉱業所の134名（当初の契約数は212名）、日鉄鉱業二瀬鉱業所の133名とともに、当時の政府による中国人の「試験的移入」であり、これらが「良好」（何をもって良好と判断したのかは不明）とされたため、1944年（昭和19年）2月28日に「華人労務者内地移入ノ促進ニ関スル件」が次官会議で決定された。

ここから中国人の強制連行が本格化していくこととなる。

慰霊碑建立経緯

1978年（昭和53年）に国際貿易促進会北陸支局より、この地で死亡した中国人17名の名簿が高岡市日中友好協会に提供された。そもそもは石川県七尾市で慰霊碑を建立する際に七尾

海陸運送から発見されたものだった。これをもとに高岡市日中友好協会が高岡市長に慰霊碑建立について協力を要請したところ全面的な賛成が得られ、市役所に事務局が設置された。富山県および高岡市の援助と、県内市町村や企業、労働界、個人から募金が集まり、碑の建立と周囲の植栽の資金にあてられた。

　翌1979年（昭和54年）の10月27日、伏木港（伏木富山港を形成する3つの港域の1つ）の一角に「日中友好の碑」が完成した。碑の左側には牡丹、右側には桜の花が鋳造レリーフでデザインされ、両国を友好の架け橋で結ぶシンボルとなっている。

慰霊祭開催状況

　毎年10月に碑の前で献花祭などが開催されている。

富山県高岡市　日中友好の碑

献花と供物が置かれた碑

2004年（平成16年）の献花祭の様子

（資料提供　荒井公夫）

——石川県七尾市
一衣帯水の碑
中国人殉難烈士慰霊碑

一衣帯水の碑

慰霊碑概要

- ・名　称　一衣帯水の碑
- ・建立年　1977 年（昭和 52 年）
- ・所在地　石川県七尾市群町 2-113-1
- ・慰霊碑維持管理

　　　　石川七尾日中友好協会
- ・慰霊祭主催

　　　　石川七尾日中友好協会
- ・慰霊祭開催時期

　　　　毎年 8 月 15 日

石川県七尾市　一衣帯水の碑・中国人殉難烈士慰霊碑

中国人殉難烈士慰霊碑

慰霊碑概要

・名　　称　中国人殉難烈士慰霊碑
・建立年　2005 年（平成 17 年）
・所在地　石川県七尾市群町 2-113-1
・慰霊碑維持管理
　　　　石川七尾日中友好協会
・慰霊祭主催
　　　　石川七尾日中友好協会
・慰霊祭開催時期
　　　　毎年 8 月 15 日

強制連行概要

1943年（昭和18年）2月、半官半民の中央統制団体である日本港運業会が設立された。1944年(昭和19年)2月28日の「華人労務者内地移入ノ促進ニ関スル件」の次官会議決定を受けて、港湾への中国人労働者の受け入れや管理に関して、その一切を運輸通信省より日本港運業会に委任することになった。

1944年（昭和19年）4月、七尾港で営業していた荷役会社などを統合して七尾海陸運送が設立され、同社は翌5月に厚生大臣と運輸通信大臣に「華人労務者斡旋申請書」を提出し、中国人労働者を働かせることを要求した。

強制連行された中国人労働者は、日本港運業会が各港に設置した華工管理事務所で管理された。七尾港でも七尾華工管理事務所が設置され、七尾海陸運送からも社員が出向して管理を行っていた。

こうした流れの中で、七尾港には計399名の中国人が強制連行された。第1弾として1944年（昭和19年）11月に中国から200名（七尾到着は11月16日に100名、翌11月17日に100名）が送られてきた。

1945年（昭和20年）3月時点での七尾海陸運送における就業者総数454名のうち、中国人男性が197名で（ほかに日本人男性152名、日本人女性60名、朝鮮人男性45名）、労働力の半分近くを中国人が担っていた。

その後、1945年（昭和20年）4月に敦賀港から99名が、そして神戸港から100名が追加で送られてきた。稼働状況は事業場報告によると、稼働率60%、労働時間9〜11時間で、船内荷役、沿岸荷役、貨車積、移行を行っていた。それから終戦までの1年足らずの間に、179名が皮膚病、124名が胃腸炎、307

石川県七尾市　一衣帯水の碑・中国人殉難烈士慰霊碑

名が重症眼病にかかって 64 名が失明した。死亡者は 15 名だった。

慰霊碑建立経緯

戦争が終わり、犠牲者の遺骨は天津市に戻された。

1977 年（昭和 52 年）に石川七尾日中友好協会が「一衣帯水の碑」を建立。2005 年（平成 17 年）には福建同郷会が「中国人殉難烈士慰霊碑」を建立した。

慰霊祭開催状況

毎年 8 月 15 日に碑前祭が営まれている。当時、中国人の遺体を弔い、今日まで位牌を追悼してきた大乗寺の住職が読経を行っている。

碑前祭の様子

碑前祭の様子

碑前祭の様子

（資料提供　山本あおい、松田清良）

——長野県木曽郡木曽町

木曽谷殉難中国人慰霊碑

木曽谷殉難中国人慰霊碑

慰霊碑概要

- **名　称**　木曽谷殉難中国人慰霊碑
- **建立年**　1983 年（昭和 58 年）
- **所在地**　長野県木曽郡木曽町三岳
- **慰霊碑維持管理**
  　　　　木曽谷殉難中国人慰霊碑維持管理委員会、
  　　　　長野県日中友好協会
- **慰霊祭主催**
  　　　　木曽谷殉難中国人慰霊祭実行委員会
- **慰霊祭開催時期**
  　　　　5 周年ごとに開催

強制連行概要

　太平洋戦争末期、軍需用の電力を確保するため、木曽川、王滝川で御岳ならびに上松発電所の建設工事が進められた。そこに河北省出身者をはじめ、中国人捕虜が労務者として強制連行された。その数1,251名（2,014名の記述もあり）に上る。うち182名が無念の死を遂げた。

　木曽谷には1944年（昭和19年）4月8日、間組の御岳発電所建設王滝作業場に370名が到着した（中国では400名であったのが、乗船までに30名減）。続いて5月13日に三岳村鹿島組に289名、同月29日に王滝村飛島組に293名が到着（途中3名死亡）。遅れて7月25日に上松発電所大成建設作業場に299名が到着し、合計1,251名が強制的に労働させられた。

　外務省の疾病統計によると、間組御岳発電所関係では大腸カタル79名、結核30名、かいせん65名を含め、伝染性疾患は201名で、うち43名が死亡した。消化器系の疾病は66名で、うち10名が死亡。全体として疾病368名のうち84名が死亡したと報告されている。栄養失調のため視力障害も多かった。河川上やトンネル内での事故死もあった。

慰霊碑建立経緯

　当時から殉難者の霊に対して寺院では丁重だった。三岳村大泉寺では、役場の手続きを経た遺霊にすべて戒名をつけて位牌を安置した。王滝村鳳泉寺の住職は、作業場近くにあった祭壇式の納骨部屋に時折お経をあげに行ったという。上松臨川寺では、上松発電所の中国人が仲間の位牌を作って持ってきたので、住職が手厚く供養した。

戦後、死を免れた人々は 1945 年（昭和 20 年）10 月から 12 月にかけて帰国した。殉難者の遺骨の一部は帰国者が持ち帰ったが、供養されぬまま眠っているものも多かった。1950 年（昭和 25 年）に秋田県の花岡鉱山における中国人の多数の遺骨発見をきっかけとして、全国で遺骨についての調査が始まった。木曽の御岳発電所建設工事で殉難した中国人についてもこのころから明らかになり始めた。長野県では 1953 年（昭和 28 年）8 月に、日中友好協会、仏教会、華僑総会などによって「中国人"俘虜"殉難者慰霊長野県実行委員会」が設立され、同年 10 月から 1964 年（昭和 39 年）にかけて、殉難者の遺骨収集と本国送還を行った。1964 年（昭和 39 年）11 月の第 9 次送還が長野県では最後である。

　1953 年（昭和 28 年）11 月 29 日（10 月 11 日の記述もあり）には、善光寺にて慰霊祭を行っている。木曽仏教会によっても毎年慰霊が行われていた。そして 1967 年（昭和 42 年）に上松臨川寺に慰霊観音像が建立された。

　1972 年（昭和 47 年）の日中国交回復の際、日中友好協会、仏教会、地元町村によって御岳発電所近くに供養柱が建てられ、慰霊法要が行われた。このときは慰霊碑の建立には至らなかったが、戦中に学徒動員で中国人と一緒に発電所工事に従事した旧制長野中学四五会同窓生の有志が早急の慰霊碑建立を積極的に呼びかけたのが運動の始まりとなった。長野県と木曽の関係町村、日中友好協会、仏教会も発起し、広く県民や関係企業の協力を得て、1983 年（昭和 58 年）秋に「木曽谷殉難中国人慰霊碑」が建立された。日中平和友好条約 5 周年を迎えた年のことであり、長野県と河北省の友好県省締結を行おうとしていたときでもあった。

碑の題字は中国仏教協会の趙樸初会長のものである。建立の経費と、11月8日に執り行われた除幕式慰霊祭および記念誌の経費は関係団体企業ならびに県民の募金によってまかなわれた。

建立10周年の1993年（平成5年）には殉難者の墓碑と案内板が設置された。地元三岳の老人クラブによって清掃管理が行われ、現在に至るまで平和友好のシンボルとなっている。

慰霊祭開催状況

建立5周年ごとに慰霊碑前に関係者が集まり、慰霊祭が開催されてきた。在日本中国大使館をはじめ、県地方事務所長、木曽の関係市町村長や木曽町三岳老人クラブ、県内の日中友好協会会員や勤労動員された旧制中学の関係者などが出席している。

木曽仏教会の僧侶による読経の下、慰霊法要を行い、参列者1人ひとりが菊の花を祭壇に手向けて冥福を祈るとともに、日中両国の永遠の平和と友好を誓い合っている。

この碑は日中平和友好条約締結発効五周年長野県と河北省の友好提携の記念すべき秋にあたり、長野県はじめ木曽の関係町村日中友好協会仏教会戦中勤労動員された旧制中等学校同窓生ら関係の諸団体諸氏が発起して太平洋戦争の末期に木曽谷御岳（上越）発電所工事に中国河北などから日本へ強制連行され殉難された八三名の烈士慰霊のために広く県民及び関係企業の協力を得て中国仏教協会々長趙樸初先生に碑文の揮毫を願い、このゆかりの地に建立したものである。願わくは異郷に眠る隣邦の霊魂、とこしえに朽ちざらんことをお祈りすると共に、我々は日中両国の永遠の平和と友好、不再戦を誓うものである。

一九八三年十月

木曽谷発電所建設殉難中国人慰霊碑建立実行委員会

碑文

（資料提供　原 久仁男、高波謙二）

——長野県下伊那郡天龍村
在日殉難中国烈士慰霊碑

在日殉難中国烈士慰霊碑

慰霊碑概要

- **名　称**　在日殉難中国烈士慰霊碑
- **建立年**　1964 年（昭和 39 年）
- **所在地**　長野県下伊那郡天龍村大字平岡
- **慰霊碑維持管理**
　　　　飯田日中友好協会
- **慰霊祭主催**
　　　　在日中国人殉難烈士慰霊法要伊那谷実行委員会
- **慰霊祭開催時期**
　　　　5 年ごと

長野県下伊那郡天龍村　在日殉難中国烈士慰霊碑

強制連行概要

　1940 年（昭和 15 年）から平岡ダム（天竜川第 7 水力発電所。後に平岡発電所と呼ぶ）建設が着工した。日本発送電が事業主、熊谷組が請負主で、当時「東洋一」といわれた大規模なダム工事であり、1941 年（昭和 16 年）に始まった太平洋戦争の戦時体制においては、軍事産業への電力補給という国家目標を 1 日も早く達成しなければならないという使命を受けて進められていた。しかし国内労働力の不足のため、約 2,000 名の朝鮮人の自由労働者と強制労働者が、続いて 1942 年（昭和 17 年）には約 250 名の連合国軍捕虜が、そして 1944 年（昭和 19 年）には397 名の中国人が投入された。いわゆる日本軍の「労工狩り作戦」による強制連行だった。

　1944 年（昭和 19 年）6 月 17 日、河北省から強制連行された397 名は天津から貨物船第 2 弓張丸に乗せられ、20 日午前 8 時に下関に上陸。同日午後 9 時から 4 回に分けて列車で移動し、平岡事業所に着いたのは 21 日のことだった。到着した中国人は 2 つの分隊に分けられ、上条中隊（鴬巣現場）に 198 名、今村中隊（栗生瀬現場）に 199 名が配属された。その後、福島の熊谷組「沼ノ倉」などとの行き来や、追加配置、樫淵の満島中隊新設などを経て、最終的に平岡には中国人 884 名が移入され、工事用砂利採取作業などに使役された。

　1945 年（昭和 20 年）3 月 19 日には渡船の転覆事故により死者不明者 15 名を出す惨事もあった。また同年 3 月 26 日に病人9 人が中国に帰国したが、そのうち 1 名が途中で命を落とした。

　1945 年（昭和 20 年）5 月 31 日、資材不足のため工事は一時中止となる。前年 6 月からのわずか 1 年足らずの間に、62 名が死亡、23 名が心身に著しい障害をきたした。主に過労と緑

黄色野菜不足などによる栄養障害だった。6月25日に北海道に297名が、岐阜県各務原に513名が移出された。

慰霊碑建立経緯

1953年（昭和28年）7月、長野県の「中国人"俘虜"殉難者慰霊実行委員会」が発足し、在華同胞遺骨収集協議会とも連携して中国人の使役などについての調査が始まった。在華同胞遺骨収集協議会とは、長野県から中国に渡った開拓移民団や義勇隊の遺骨を日本に持ち帰って葬りたいと活動を始めていた団体である。

1956年（昭和31年）には平岡の自慶院に「興亜建設隊殉難者の碑」を発見。熊谷組の中国人労務者使役の隊長をしていた上条寛氏が1947年（昭和22年）に建てたものであった。そして1957年（昭和32年）7月には火葬場跡を探し当て、その翌月に遺骨を収集して慰霊を行った。遺骨は善光寺大勧進に安置された。

慰霊碑建立についての話し合いがなされたのは、1962年（昭和37年）のことである。慰霊運動の高まりの中、飯伊（飯田下伊那）地区の慰霊実行委員会と日中友好協会飯伊支部（現在は飯田日中友好協会）が募金活動を展開し、1964年（昭和39年）4月に平岡ダムの傍に総丈4メートル余の慰霊碑が完成した。碑文は中国紅十字会長の李徳全女史の揮毫による。

慰霊祭開催状況

1963年（昭和38年）3月に、それまで遺骨発掘に献身的な努力をしてきた飯伊の人々や、中国帰国者、民主団体などにより、飯田市で現地慰霊実行委員会の中心となるべく、「日中友

好協会飯伊支部」が結成され、同時に飯伊地方の諸団体の協力を得て「慰霊実行委員会」が結成された。そして3月24日に平岡の地で慰霊祭が営まれた。これを機に慰霊運動はますます高まり、同年12月13日には中国紅十字会代表団を迎えて善光寺本堂にて「中国殉難烈士長野県合同大慰霊祭」を、翌14日に平岡の旧火葬場跡で慰霊祭を行った。

　慰霊碑の建立後は、伊那谷実行委員会主催のもと、ほぼ5年ごとに慰霊祭が行われている。戦後50周年にあたる1995年(平成7年)の慰霊祭は「強制連行中国人生存者を日本に招待する実行委員会」によって河北省から4名の生存者を招いての盛大なものだった。

　伊那谷実行委員会は、飯田下伊那の全市町村長および長野県教職員組合、連合長野地域協議会など労働団体、婦人団体、青年会議所、関係企業、立正佼成会、長野県日中友好協会、飯田日中友好協会などによって構成されている。

中国人殉難烈士慰霊法要

平岡ダム

（資料提供　小林勝人）

――岐阜県岐阜市
中国人殉難者の碑

中国人殉難者の碑

慰霊碑概要

- **名　称**　中国人殉難者の碑
- **建立年**　1972 年（昭和 47 年）
- **所在地**　岐阜県岐阜市大宮町 1 丁目 46
- **慰霊碑維持管理**
　　　岐阜市（都市建設部公園整備課）
- **慰霊祭主催**
　　　岐阜県中国人殉難者慰霊事業実行委員会
- **慰霊祭開催時期**
　　　不定期

強制連行概要

第二次世界大戦のさなか日本へ強制連行され、軍の要請する建設工事などで労働を強いられた。73名が殉難。

慰霊碑建立経緯

1971年（昭和46年）8月に岐阜県知事の平野三郎が、戦時中岐阜県内（高山市、瑞浪市、各務原市、加茂郡川辺町）において建設工事で強制労働をさせられた中国人1,689名のうち、殉難した73名の合同慰霊碑を建立したいと発表。

それまで、それぞれゆかりの各市町で慰霊されていたが、県民あげて殉難者の慰霊事業を推進することとし、碑の建立と慰霊祭の実施を県民に協力要請した。

同年9月に岐阜県知事を会長とした岐阜県中国人殉難者慰霊事業実行委員会が結成され、翌年2月に岐阜市長の協力のもと岐阜公園外苑に敷地が決定した。4月4日には地鎮祭が執行され、6月5日に碑の建設工事が完成、6月7日に約200人が参列し除幕追悼式が執り行われた。

慰霊祭開催状況

1982年（昭和57年）10月9日、中国人殉難者追悼式ならびに碑建立10周年記念式典実施。

（資料提供　堀幹夫）

――岐阜県瑞浪市
日中不再戦の誓いの碑

日中不再戦の誓いの碑

慰霊碑概要

- **名　称**　日中不再戦の誓いの碑
- **建立年**　1967年（昭和42年）
- **所在地**　岐阜県瑞浪市明世町戸狩　瑞浪市民公園
- **慰霊碑維持管理**
　　　　中国人殉難者瑞浪市供養会
- **慰霊祭主催**
　　　　中国人殉難者瑞浪市供養会
- **慰霊祭開催時期**
　　　　毎年9月18日に近い日曜日開催

強制連行概要

　瑞浪市内に点在する３つの地下壕のうち、明世町戸狩山に建設されたのが、トンネルの総延長が8,000メートルにも上る、岐阜県最大の明世町戸狩地下壕（工場跡地）である。戦時中、名古屋とその周辺には６つの航空機工場と５つの兵器工場があり、日本の軍需生産の中心地となっていた。そのため、米軍の空襲もたび重なり、本土決戦に備えて工場を隠す必要に迫られていた。1944年（昭和19年）末から翌年４月にかけて、東濃地方を中心とした丘陵地帯に地下工場の建設が始まった。

　戸狩山の地下工場は、「川崎航空機工業岐阜工場」の疎開工場として、1944年（昭和19年）10月頃から掘られ始めたもので、地下工場完成後、陸軍のキ67四式重爆撃機（飛龍）を月60機完成させる予定であった。

　岐阜県内の中国人の強制連行者は、御岳の三浦ダム工事現場などから、県内５つの事業所に、合計1,689人が移送され、戸狩山地下工場建設現場には、1945年（昭和20年）４〜５月、間組御岳作業所から、狭間と棒ヶ洞に建てられた華工収容所へ330人の中国人が移送されてきた。移送されてきた330人は、御岳間組の370名中、健康者を除いた病弱者の集団であり、到着時すでに歩くことすら困難な者も含まれていた。

　彼等が前任地の長野県木曾谷の王滝川流域の日本発送電発電所工事現場に入村したのは、厳寒期の1944年（昭和19年）12月30日だった。

　瑞浪作業所では肺結核や大腸カタル、全眼球炎症（角膜乾燥・両眼失明）などの患者が出て39名が死亡した。岐阜県下の５事業所における中国人強制連行者は、鹿島組各務原作業所374名（うち３名死亡）、間組瑞浪作業所330名（うち39名死亡）、

飛島組川辺作業所 270 名（うち 4 名死亡）、熊谷組高山作業所 202 名（うち 3 名死亡）、熊谷組各務原作業所 513 名（うち 23 名死亡）であり、当時の食糧事情と劣悪な労働状況を物語る数字となっている。

慰霊碑建立経緯

　当初は、殉難者を火葬にした近くの山に手作りの小さな碑が建てられたが、その後の中央高速道路建設に伴い、1967 年（昭和 42 年）9 月、地元の人々によって、現在地に「日中不再戦の誓い」の碑を建立した。この碑へ登る入り口の案内板には、「第二次世界大戦末期、強制連行された中国人が航空機の地下工場建設に従事し、三十九名が尊い生命を失いました。再びこのような悲惨な戦争をくりかえさぬよう日中友好と世界平和を祈って、昭和四十二年（一九六七）九月に墓碑が建立されました」と記されている。

慰霊祭開催状況

　1972 年（昭和 47 年）「日中国交正常化」以来、毎年 9 月 18 日（柳条湖事件が起きた日）に近い日曜日に、中国人殉難者瑞浪市供養会の手で、慰霊の行事が行われている。同地に建立されている「平和の鐘」を鳴らし、命を落とした 39 名の中国人の霊を弔い、再び日本と中国が戦争をしないようにと誓うもので、歴代市長や瑞浪市議会議長、中国大使館や日中友好協会の関係者も列席する瑞浪市の公式な慰霊祭となっている。

岐阜県瑞浪市　日中不再戦の誓いの碑

2015年（平成27年）の慰霊祭の様子

（資料提供　加藤武志）

——岐阜県高山市
中国人殉難者慰霊碑

中国人殉難者慰霊碑

慰霊碑概要

- **名　称**　中国人殉難者慰霊碑
- **建立年**　1970年（昭和45年）、1980年（昭和55年）再建
- **所在地**　岐阜県高山市宗猷寺町218 宗猷寺
- **慰霊碑維持管理**
　　　　高山ライオンズクラブ
- **慰霊祭主催**
　　　　高山ライオンズクラブ
- **慰霊祭開催時期**
　　　　1970年（昭和45年）から毎年彼岸の時期に実施。ここ数年は3月に行っている。

岐阜県高山市　中国人殉難者慰霊碑

強制連行概要

1945年（昭和20年）7月6日に、強制連行された二百余名の中国人が、静岡県の熊谷組富士作業所を経て、高山市に移動させられた。当時、三重県鈴鹿市にあった鈴鹿海軍工廠（航空機用機関銃製造工場）が高山市に疎開したのに伴い、熊谷組が北山公園の地下に工場を造る工事を受注したため、作業員として強制連行された中国人が高山市内の寺院を宿舎にしながら、その建設作業に従事させられた。

強制連行された人のうち過酷な労働のため、急性胃炎と肺壊疽により2名が、さらに事故によって1名が亡くなり、再び祖国の地を踏むことはなかった。

慰霊碑建立経緯

病没の2名は高山市職員らによって火葬され、遺骨が送還者とともに敗戦後の1945年（昭和20年）12月3日に祖国へ戻り、事故死の1名は、高山市内唯一の埋葬地である宗猷寺裏山に埋葬された。その後、1956年（昭和31年）6月4日に、高山市日中友好協会会員、岐阜県中国人"捕虜"殉難者慰霊実行委員会、地域社会改善委員会などにより「殉没中国人の慰霊標」が建てられ、慰霊法要が営まれるようになった。

1970年（昭和45年）9月22日、朽損により、慰霊標を「中国人殉難者慰霊塔」として新たに建立した。そして1980年（昭和55年）5月7日に、飛騨ついたて造りの形座、野面揃い自然石積の台座、御影石の碑石と碑石枕、黒御影石の碑文板などによって、総高215センチメートルの碑が再建された。

慰霊祭開催状況

　1956年（昭和31年）の慰霊標建立とともに慰霊法要が行われた。その後、1970年（昭和45年）の「中国人殉難者慰霊塔」建立より現在まで、毎年彼岸の時期に慰霊法要を行っている。ここ数年は3月の実施が多い。

2015年（平成27年）の慰霊法要の様子

2015年（平成27年）の慰霊法要の様子

（資料提供　高山ライオンズクラブ）

——静岡県浜松市
中国人殉難慰霊碑

中国人殉難慰霊碑

慰霊碑概要

- **名　称**　中国人殉難慰霊碑
- **建立年**　1975年（昭和50年）
- **所在地**　静岡県浜松市天竜区龍山町下平山　妙蓮寺
- **慰霊碑維持管理**
　　　浜松市日中友好協会
- **慰霊祭主催**
　　　浜松市日中友好協会
- **慰霊祭開催時期**
　　　毎年8月頃

静岡県浜松市　中国人殉難慰霊碑

強制連行概要

　峰之沢地域での採鉱は、詳細は不明ながら、一説には 17 世紀ころから始まったと伝えられる。1907 年（明治 40 年）、日立鉱山の久原房之助に買収され、明治〜大正期に栄えた鉱山である。1912 年（大正元年）には労働者 614 人を雇用し、銅、鉄、亜鉛などの鉱石を年に 2 万 2,974 トン余り生産するようになった。1920 年（大正 9 年）、峰之沢鉱山は鉱山火災により一時休山したが、1934 年（昭和 9 年）から採鉱が再開され、1938 年（昭和 13 年）、日本鉱業が峰之沢鉱山を直営するようになった。日産コンツェルン下の日本鉱業は全国に鉱山を所有していた。1942 年（昭和 17 年）には選鉱場が完成、それにより月 5,000 トンの処理が可能となり、政府の地下資源増産政策のもとでさらに増産が図られ、月 9,000 トンの処理が計画されたが、終戦末期になると、鉱夫の不足から、峰之沢鉱山でも募集担当者を中国に派遣し、200 名を強制連行することになった。

　年齢は 13 〜 70 歳で、全員、河北省の出身と思われる。

　1944 年（昭和 19 年）12 月 23 日に天津市塘沽港より乗船したが、港までの 300 メートルを自力で歩けない者が多く、途中 3 名が死亡した。残る 197 名は貨物船の船倉に、塩や石炭と一緒に詰め込まれて出港。船内では 10 名が死亡した。1945 年（昭和 20 年）1 月 5 日、下関港から上陸し、翌日には外から施錠された貨車で浜松市の二俣駅に到着した。この移送中に 3 名が死亡し、二俣駅でも 2 名が死亡、最終的に峰之沢に到着したのは 182 名であった。

　鉱山の医師が毎日診療し投薬したが、毎日死者が続出し、数か月のうちに 66 名が死亡した。遺体は仲間たちが仮埋葬した。健康な者は百余名となり、入鉱前の訓練は死亡事故が頻発した

ため中止となった。中国人は主に坑外で、丸太の運搬作業に従事していたが、それも一部の者だけで、大半は衰弱していて戦力にはならなかった。

1945 年（昭和 20 年）2 月に、請負業者の焚火の不始末により火災が発生し、全山操業停止となったため、過剰となった中国人労務者は、茨城県日立市の日立鉱山に移送された。

中国大陸から峰之沢での強制労働中までの死亡者数は、全体では 81 名に上った。これは出港時の人数 197 名の 41.1% に当たり、全国平均の 17.5% に比べて非常に高い。

やがて終戦を迎え、峰之沢鉱山はその後の国策によって、硫安の原料である硫化鉱を採掘していたが、1969 年（昭和 44 年）には採掘資源の枯渇により廃坑となった。

慰霊碑建立経緯

鉱山には、当時仮埋葬された中国人 67 体分の墓標があったが、その後 13 本となり、やがて 2 本を残すのみとなった。この中国人墓地の話を耳にした磐田市日中友好協会や浜松市日中友好協会が日本鉱業と交渉し、会社の費用で遺骨の発掘調査が 1953 年（昭和 28 年）に行われた。実際に遺骨が発見されて大騒ぎとなり、警察も関与する中で、埋葬の事実が明らかになった。

遺骨は茶毘に付され、静岡県中国人殉難者慰霊祭実行委員会の手により、妙蓮寺の裏山に粗末な木の墓標を立て、僧侶の列席のもと慰霊祭が行われるようになった。その後、1975 年（昭和 50 年）、磐田市、浜松市両日中友好協会の努力により、各種団体や個人からの寄付金 83 万円をもって、高さ 1 メートル、幅 1.5 メートルの慰霊碑が建立された。

静岡県浜松市　中国人殉難慰霊碑

慰霊祭開催状況

　1953年（昭和28年）8月3日に、81柱の遺骨を発掘した。最初の慰霊祭は、1953年（昭和28年）9月14日、浜松市の大厳寺で執り行われ、引き続き11月29日、初代浜松市日中友好協会会長らが、京都の舞鶴港から興安丸で、その81柱の遺体を中国に送還した。

　それ以降、毎年8月頃に、中国大使館関係者などが参列するなか、峰之沢中国人殉難慰霊祭が執り行われている。

2014年（平成26年）の慰霊祭の様子

2014年（平成26年）の慰霊祭の様子（妙蓮寺本堂内）

2014年（平成26年）の慰霊祭に参列した人々

（資料提供　原章博、池谷豊）

——静岡県賀茂郡西伊豆町
中国人殉難者慰霊碑

中国人殉難者慰霊碑

慰霊碑概要

- **名　称**　中国人殉難者慰霊碑
- **建立年**　1976年（昭和51年）
- **所在地**　静岡県賀茂郡西伊豆町大沢里区白川町赤川橋畔
- **慰霊碑維持管理**
　　　　西伊豆町大沢里区白川町内会
- **慰霊祭主催**
　　　　西伊豆町大沢里区白川町内会
- **慰霊祭開催時期**
　　　　毎年7月

静岡県賀茂郡西伊豆町　中国人殉難者慰霊碑

強制連行概要

　戦線鉱業仁科鉱山は、伊豆半島の西側に位置する仁科村（現在は西伊豆町）にあった鉱山である。ボーキサイトの代用鉱として明礬石を採掘していた。

　1944年（昭和19年）12月24日、200名の中国人を載せた会寧丸という船が天津市の塘沽港を出発し、年明け1月5日に下関に到着した（船中にて20名死亡）。

　その2日後、この船に乗せられていた中国人178名が仁科村に連行されてきた。全員が河北省出身で、仁科鉱山での強制労働に従事させられた。

　82名が病に倒れ、命を落とした。中国へ帰国することができたのは95名であった。

慰霊碑建立経緯

　死亡者に対して、火葬した事業場と、火葬せずに穴を掘って埋めてしまったところとがあり、仁科については後者であったため、1954年（昭和29年）4月13日から地元住民挙げての労力奉仕によって遺体の発掘作業が開始された。14日に発掘が終わって火葬し、船中で死亡した人の位牌も作って、法雲寺で104柱の霊を祀ることになった。17日には殉難者慰霊実行委員会によって手厚く慰霊祭が行われ、遺骨は中国に送還された。

　慰霊碑建立に向けての運動は1972年（昭和47年）の春に日中友好協会静岡県本部の提唱で始められた。同年7月に法雲寺にて慰霊を行うとともに運動の輪を広げ、1975年（昭和50年）8月2日に慰霊碑建立の発起人会を開催。9月24日に第1回実行委員会を開き、募金活動を開始した。代表委員の1人であった彫刻家の堤達男氏が実費のみで制作したいと手を挙げ、高さ

2メートル、台座1.6メートルの慰霊碑が完成した。碑の前の立像は、上半身裸で右手でツルハシを支え、左肩にロープをかつぐ中国人労働者で、西伊豆の海に沈む夕日をじっと見つめる姿は故郷の家族を思っているようである。1976年（昭和51年）7月4日の除幕式には、地元をはじめ各地から約300人が参列した。

　碑後部の背壁には、大きく「鎮魂」の背記が刻まれ、台座には、以下の碑文が記されている。

　太平洋戦争の末期、多数の中国人が強制的に連行されわが国の鉱山、土建、荷役等々労働に従事させられた。その一部一七八名が、当時仁科村（現西伊豆町）にあった戦線工業※に就労したが、当時の極度に悪かった食糧事情と強制労働のため、このうち八十二名が現地において死亡された。

　これらの遺体は、一九五四年殉難者慰霊実行委員会により、手厚く葬儀が行われた後、遺骨は本国へ送還された。このたび有志の発起人により、母国の解放を見ずに他界された殉難者の霊を慰めると共に、このような悲惨な犠牲をもたらした戦争への反省と、子々孫々に至るまでの日中友好の誓いを固めるため、ゆかりの深いこの地に、中国人殉難者の慰霊碑を建立した次第である。

酒井郁造　撰

　一九七六年七月四日
　　　　西伊豆町中国人殉難者慰霊碑建立実行委員会

※原文ママ　正しくは戦線鉱業

　これとは別に、毎年供養を行ってきた法雲寺の境内にも山本利治氏制作の慰霊碑が設置されている。

静岡県賀茂郡西伊豆町　中国人殉難者慰霊碑

慰霊祭開催状況

　1972年（昭和47年）、七・七（盧溝橋事件）記念行事の一環として、仁科の法雲寺において現地供養が行われ、以後毎年7月に開催するようになり、1976年（昭和51年）の慰霊碑建立後は、碑前にて「西伊豆町中国人殉難者慰霊の集い」として、慰霊祭が行われるようになった。

　強制連行から50年、遺骨を送還して40年にあたる1994年（平成6年）には、「中国人殉難者慰霊の集いに中国より関係者を招く実行委員会」の働きかけにより、生存者2名が来日した。うち1名が、その後の住民との懇談会で、戦後、中国に帰国する前に地元の家で温かいもてなしを受けたことを語った。その家にいた四姉妹の名前を記憶していたことから、それが誰の家だったかが判明し、当時子どもだった姉妹と50年ぶりに再会した。

中国人殉難者慰霊碑台座の碑文

2015年（平成27年）の慰霊祭の様子

2015年（平成27年）の慰霊祭の様子

静岡県賀茂郡西伊豆町　中国人殉難者慰霊碑

2015年（平成27年）の慰霊祭の様子

（資料提供　大谷きよみ）

——静岡県富士市
中国人殉難者慰霊碑

中国人殉難者慰霊碑

慰霊碑概要

- 名　称　中国人殉難者慰霊碑
- 建立年　1948年（昭和23年）、副碑は1990年（平成2年）
- 所在地　静岡県富士市田子浦地区中丸浜区
- 慰霊碑維持管理
    中丸浜区
- 慰霊祭主催
    富士市日中友好協会、中丸浜区
- 慰霊祭開催時期
    毎年7月第1日曜日

静岡県富士市　中国人殉難者慰霊碑

強制連行概要

　1944年（昭和19年）6月に富士郡田子浦村地区で連絡飛行場の建設が始まり、熊谷組の挺身隊（各地から徴用された一般市民）の飯場が建てられた。後の中国人興亜建設隊の収容施設として使われたものである。

　同年の9月に河北省（大沽、天津、北京辺り）から264名、10月にも240名、合計504名が強制連行された（到着前に計3名死亡）。到着後は興亜建設隊に編入されたが、編入直後の10月に12名が死亡、11月には17名が死亡した。それぞれ病死と報告されている。その後も死亡者は増え合計49名が亡くなった。到着前の死亡者も含めた52名のうち、最年長者は63歳、最年少者は19歳だった。死因は肺炎と胃腸炎が多かった。ゲートルで首をくくった自殺者もあった。

　大型台風時に宿舎の南側堤防に大波が押し寄せたとき、10名ほどの中国人が逃亡したことがあるが、最終的にほとんどが吉原署内の特高警官に捕まり、そのうち2名が署内で亡くなった。また、三島まで逃亡して三島署内で死亡した人もいた。このように小規模ではあったが集団脱走事件もあった。逃亡して横浜辺りに潜伏し、在日華僑の助けを求めたかったという供述がある。

　ここでの労働は1945年(昭和20年)7月まで続いた。その後、生存者は長野県高山作業所や松本作業所に転出となった。

慰霊碑建立経緯

　1948年（昭和23年）7月、熊谷組が中丸共同墓地に慰霊碑を建てたが、1985（昭和60年）年頃に「興亜建設隊」と書かれた碑銘に対して「碑銘を改削すべきだ」「いや、後世のもの

が勝手に改削するのは好ましくない」との論争が起こった。そもそもは1978年（昭和53年）の33回忌法要の際に、中国大使館からこの碑銘を理由に出席を拒否されたことが発端となっている。結局、もとの碑銘はそのままに、副碑を建てることで決着となり、1990年（平成2年）7月14日、副碑の除幕式が行われた。費用は熊谷組が負担している。その後は中丸浜区の人々が自主的に管理を行い現在に至っている。

　副碑碑文は次の通りである。

　太平洋戦争の末期、中国から強制連行されてきた五百四人が旧富士郡田子浦村に陸軍が建設中の富士飛行場へ到着、「興亜建設隊」に編入され作業に従事させられた。当時の劣悪な食料事情と荷重な労働の中で、五十二人が故国にはせる想いも空しく現地で亡くなられ、この中丸共同墓地へ埋葬された。遺骨は昭和二十九年（一九五四年）五月、市内福泉寺において地元関係者による盛大な慰霊祭が行われた後、同年十一月に懐かしの祖国へと送還された。

　なおこの「中華民国人興亜建設隊故殁者之碑」は、飛行場工事請負人であった熊谷組が殉難者の霊を慰めるため昭和二十三年（一九四八年）七月に建立し、以後関係者が手厚く供養してきたものである。このたび、悠久の日中友好を念願し、あらためて殉難者の冥福を祈りつつ建立の経緯を記したものである。

平成二年（一九九〇年）七月

慰霊祭開催状況

　1953年（昭和28年）、富士市で中国人殉難者慰霊遺骨送還

静岡県富士市　中国人殉難者慰霊碑

運動が始まった。1954 年（昭和 29 年）5 月には留日華僑会会長と中国人殉難者慰霊実行委員会の立ち会いのもとに中丸共同墓地の遺骨発掘作業が行われ、富士仏教会によって柳島福泉寺で最初の慰霊祭が執り行われた。

　1954 年（昭和 29 年）7 月には沼津市にて仁科村の犠牲者と合わせた慰霊祭を行った。遺骨を保管していた幸町永明寺から上香貫霊山寺まで、参加者が遺骨を 1 柱ずつ奉持して、沼津各寺の御詠歌隊がそれに従い市中を行進した。自治体関係者、労働組合、宗教者、一般市民など 200 名が参加しての大規模な慰霊祭だった。そして、同年の 11 月に遺骨を送還し、天津で中国側に引き渡された。

　1978 年（昭和 53 年）の中国殉難者 33 回忌供養祭は中丸浜区が主催し、田子浦仏教会の奉仕によるものだった。その後、毎年 7 月 7 日に中丸浜区の中学生、老人会、婦人会などと富士市日中友好協会によって墓前祭が実施された。1991 年（平成 3年）からは 7 月の第 1 日曜日に日程を変更し、富士市日中友好協会と中丸浜区の共催による盛大な慰霊祭が行われている。

2015年(平成27年)の慰霊祭の様子

2015年(平成27年)の慰霊祭の様子

(資料提供　林ゆかり)

―― 愛知県東海市

愛知・大府飛行場
中国人強制連行被害者慰霊碑
（建碑運動中）

慰霊碑概要

・**名　称**　未定（建碑運動中のため）

・**建立年**　未定（建碑運動中のため）

・**所在地**　未定（建碑運動中のため）

・**慰霊祭主催**

　　　愛知・大府飛行場中国人強制連行被害者を支援する会

・**慰霊祭開催時期**

　　　毎年9月

強制連行概要

　1944年（昭和19年）11月30日から1945年（昭和20年）6月25日まで、強制的に連行された中国人480名が三菱重工業名古屋航空機製作所知多工場の付属施設、三菱知多飛行場（通称、大府飛行場。現在の大府市と東海市にまたがる）の拡張工事のため労働を強いられた。7か月の間に病気または事故で21歳から39歳までの5名が死亡。負傷者19名、うち12名が重症で、罹病者109名という犠牲を出した。

　工事は地崎組のものであった。当時代表だった地崎宇三郎(2代目）は1939年（昭和14年）7月頃に国へ願書を提出するなどして、中国人労働力の移入を積極的に、かつ最も早期に働きかけた主唱者の1人である。地崎組は北海道10か所と、この大府飛行場の計11か所で合計1,741名の中国人を強制労働させ、330名を死に至らしめた。また「北海道第一華人収容所」という施設を引き受けてもいた。特別な監視が必要とされた中国人を日本中から集めて管理し、懲罰を課すための施設である。

　大府飛行場に配置されたのは「石門隊」「済南隊」といって、河北省と山東省の出身者が中心だった。1942～44年（昭和17

～19年）1月頃に戦闘や抗日活動中、または市民生活中に日本軍に捕らえられた中国軍兵士や民間人で、石門捕虜収容所と済南の「新華院」捕虜収容所にそれぞれ強制収容されていた。1944年（昭和19年）に中国人労働者斡旋機関である華北労工協会の手引きのもと、4月から北海道の水銀鉱山である、野村鉱業の伊屯武華鉱業所で強制労働させられ、同年8月に、うち290名が野村鉱業置戸鉱業所に移された。これについて地崎組と華北労工協会が契約書を交わした記録はあるが、当事者である中国人達は契約書の存在を知らず、どこへ行くかも分からぬままの強制連行が実態であった。なかには「日本で2年間働いて家に帰らせると聞いていた」という証言もあるが、いずれにしても労工契約のことは知らないと言っている。大府に着くまでの北海道ですでに16名が死亡していた。

　大府での労働は、飛行場建設のための地ならし工事だった。掘削、盛土、トロッコ押し、モッコ担ぎなどの土木作業で、直接、陸軍軍需工場のための労働だったというのは他に例がない。

　1945年（昭和20年）6月末に475名が再び北海道の地崎組平岸出張所へと強制連行させられた。ここで終戦を迎えたのである。稼働停止指令は8月20日に出された。

　1945年（昭和20年）10月20日に室蘭港から帰国することのできたのは465名だった。

慰霊碑建立経緯

　大府での死者5名は東海市上名和にて火葬され、遺骨は東海市の玄猷寺本堂に安置された。1945年（昭和20年）6月に北海道に移動する際に捧持され、平岸の浄光寺に安置された後、1953年（昭和28年）の第2次送還時に中国に送り届けられた。

現在は、天津にある在日殉難烈士・労工紀念館に 5 名の遺骨箱が保管されていることが確認されている。

大府飛行場の調査と追悼への取り組みは 2007 年（平成 19 年）3 月から本格的に始まった。

2009 年（平成 21 年）には「『大府飛行場』中国人殉難者慰霊祭現地準備委員会」が発足し、2013 年（平成 25 年）3 月に「愛知・大府飛行場中国人強制連行被害者を支援する会」が設立された。

慰霊碑建立に向けて募金活動を続けているが、今なお実現には至っていない。

慰霊祭開催状況

2009 年（平成 21 年）9 月 19 日に第 1 回追悼式典を開催した。地元市民や県民はじめ国会議員など 130 名が参加し、中国駐名古屋総領事館領事や愛知華僑総会会長、民主党衆議院議員も参列挨拶した。

以来、毎年 9 月に地元住民の協力によって追悼会が行われている。会場はいずれも遺骨が保管されていた玄猷寺。第 2 回には生存者とその家族が、第 5 回には遺族が招待された。

愛知県東海市　愛知・大府飛行場 中国人強制連行被害者慰霊碑

第7回 慰霊祭の様子

第7回 慰霊祭の様子

第7回 慰霊祭の様子

（資料提供　石川勇吉）

——京都府与謝郡与謝野町
日本中国悠久平和友好之碑

日本中国悠久平和友好之碑

慰霊碑概要

- **名　称**　日本中国悠久平和友好之碑
- **建立年**　1994 年（平成 6 年）
- **所在地**　京都府与謝郡与謝野町字滝 98
　　　　道の駅　シルクのまち かや
- **慰霊碑維持管理**
　　　　京都府日中友好協会
- **慰霊祭主催**
　　　　京都府日中友好協会
- **慰霊祭開催時期**
　　　　当初は毎年 8 月だったが次第に時期がずれ 2015 年は 10 月開催

京都府与謝郡与謝野町　日本中国悠久平和友好之碑

強制連行概要

　大江山鉱山は京都府与謝郡加悦町（現在は与謝野町）の大江
山北西山麓で採掘が行われていたニッケル鉱山である。1944
年（昭和 19 年）8 月 7 日、当時の大江山ニッケル工業の代表 2
名が日本を出発し、済南で 200 名の中国人青年を集めた。

　200 名は華北労工協会開封出張所が集めた河南省出身者であ
る。青島で乗船し、下関に上陸した後、列車によって京都府下
の大江山ニッケル鉱山に到着したのは 1944 年（昭和 19 年）10
月 20 日頃のことであった。

　その中の 12 名（死亡率 6%）が過酷な労働と劣悪な環境下
で帰らぬ人となった。主な死因は急性大腸炎などの病気や栄養
失調だが、1 名は縊死（自死）となっている。

　また、終戦直後の 1945 年（昭和 20 年）9 月には暴動事件も
起こっている。大菅新氏によれば、食糧事情や労働条件の劣悪
さに労働者の不満が一気に高まり、9 月 7 日夕方、労働者の不
満の爆発を予期した会社側が警察や憲兵を送り込んだ。これに
対し中国人労働者は、日本人看守を人質にとり、待遇の改善を
目指し立てこもった。2 日間膠着状態が続いたが、アメリカ軍
捕虜などの斡旋により人質を解放、食料や衣服の改善を会社側
が認め、死者を出すことなく事件が解決したという。

　終戦後、中国人労働者は 1945 年（昭和 20 年）の 10 月から
12 月にかけて日本船および米軍船によって送還されているが、
大江山ニッケル工業にいた人々は最終船の 12 月 7 日、米軍に
よって佐世保港より送還された。

慰霊碑建立経緯

　戦後まもなく、日本冶金工業をはじめ地元の有志らによって、宿舎のあった近くの山のふもとに供養塔が建てられた。自然岩の高さ2メートルほどの大きさのものであった。

　しかし、供養塔の間近に国道バイパスが開通して催事の開催が困難になった。それをきっかけに、京都府日中友好協会より別の近隣地に新しい碑の建立を、との気運が盛り上がった。多大な寄付金が集められ、1994年（平成6年）9月、元の位置からほど近い与謝野町の道の駅内に新しい「日本中国悠久平和友好之碑」が建立された。

　碑の案内板には次のような説明書きがある。

「三本の煙突と日中友好の碑」

　ここは丹後地方の秀峰・大江山のふもとです。この地から一九三〇年代初頭に良質のニッケル鉱が発見され、民間企業による採掘が始まりました。そして、第二次世界大戦中の最盛期には国策として軍の指揮下でおよそ三、四〇〇人が働き、その中には一、〇〇〇人を超す外国人の人たちが強制連行されて労働に従事していました。

　終戦後まもなくこの鉱山は閉鎖となり、広大な跡地や大規模な施設・設備は年次的に解体され、一九九三年の積み出し場を最後に取り壊しが終了。そして、山手に残る乾燥場であった三本の煙突だけは、鉱山跡の証とともに、戦争の傷跡として、ここを訪れる人たちに当時のことを風化させないようにと残されたのです。

　また、右手の石碑は、前記の強制労働に従事していた中国人およそ二〇〇人のうち、この地で不慮の死を遂げられた

京都府与謝郡与謝野町　日本中国悠久平和友好之碑

十二人の慰霊のために京都府日本中国友好協会が一九九四年に建立した「日本中国悠久友好平和之碑」※で、世界平和と日中友好の願いが込められており、毎年碑前において平和祈願祭が行われています。　　　　　　　　　　　加悦町

※原文ママ　正しくは「日本中国悠久平和友好之碑」

そして、碑の隣にある石には次のように刻まれている。

趣意書

　この碑は、去る太平洋戦争において、当地・旧大江山ニッケル鉱山に強制連行され、苛酷な労働に従事した二百名あまりの中国人青年の労をねぎらうとともに、この地で帰らぬ人となった十二名を偲び、再び戦争の惨禍が起こらぬようみんなで誓い合うため、日本中国悠久友好平和の願いを込めて建立するものである。

一九九四年九月
京都府日本中国友好協会

慰霊祭開催状況

　旧供養塔建立時から毎年8月に関係者によって供養が行われていた。これが元となって1984年（昭和59年）から京都府日中友好協会が主催する「日中不再戦・平和祈願祭」という慰霊の催事が、駐大阪中国総領事館から総領事などを招いて行われるようになった。

　現在は新しい碑の前にて開催され、京都府下の日中友好協会の交流の場ともなっている。

日本中国悠久平和友好之碑

(資料提供　田中彰寿)

——大阪府大阪市
日中友好の碑 彰往察来

日中友好の碑 彰往察来

慰霊碑概要

- **名　称**　日中友好の碑 彰往察来
- **建立年**　2005年（平成17年）
- **所在地**　大阪府大阪市港区築港3-2 天保山公園
- **慰霊碑維持管理**
  　　　　大阪中国人強制連行受難者追悼実行委員会
- **慰霊祭主催**
  　　　　大阪中国人強制連行受難者追悼実行委員会
- **慰霊祭開催時期**
  　　　　毎年11月

大阪府大阪市　日中友好の碑 彰往察来

強制連行概要

　内務省警保局外事課によって 1938 年（昭和 13 年）8 月から 1944 年（昭和 19 年）9 月まで発行された内部資料「外事月報」と、外務省によって 1946 年（昭和 21 年）6 月にまとめられた「華人労務者就労事情調査報告書」（外務省報告書）に記載されている数字を合わせると、大阪へは 1943 年（昭和 18 年）9 月 3 日から 1944 年（昭和 19 年）10 月 22 日の間に、延べ 1,410 名の中国人が強制連行された。そして終戦まで 1 年にも満たない間に 86 名もの死亡者が出たことが明らかになっている。

　死亡者を事業場別に見ると、藤永田造船所で 6 名、日本港運業会大阪管理事務所安治川で 12 名、同川口で 11 名、同築港で 56 名、日本港運業会伏木から移動した 1 名であった。

　こうした人々のほとんどは、1944 年（昭和 19 年）4 月から 9 月の半年間に、河北省内を走る鉄道沿線や周辺部から拉致された。

　そこから天津市の「塘沽収容所」に移された後、1944 年（昭和 19 年）10 月 16 日に貨物船「清津丸」に乗せられ、日本に出発した。船中でも死者が出ている。大阪港に着いたのは 10 月 22 日のことだった。

　大阪港での労働は主に船内荷役だったが、兵器の運搬もあり、空襲によって大阪港が機能しなくなった後は工場内での荷役労働をさせられた。

　1945 年（昭和 20 年）11 月 6 日、生存者たちはようやくこの地を離れることができた。塘沽に到着したのは 11 月 12 日だった。そこから列車に乗って天津の北洋大学へ連れて行かれた後は、それぞれ自力で故郷へ向かった。

同年の3月26日に、病気や怪我で労働ができなくなった13名が「途中疾病送還」という形で中国に送り帰されたが、故郷に辿り着けなかった人や、重い障害が残ったまま戻った人もいる。

慰霊碑建立経緯

1994年（平成6年）10月に生存者2名が大阪に招かれ、強制労働の体験が語られたのをきっかけに、「大阪・中国人強制連行をほりおこす会」が発足、本格的な調査が始まった。その過程で多くの生存者や遺族から追悼碑建立に対する強い要望があった。

その思いを受ける形で1998年（平成10年）4月12日に再び2名の生存者と遺族を大阪に招き、「大阪中国人強制連行受難者追悼と証言を聞くつどい」を開催。200名以上の市民や労働組合員とともに、中国総領事館代表、大阪府代表なども参加し、一大追悼行事となった。そして、「大阪港に追悼碑を建立する」ことを宣言した。同じ日、この直前に「大阪中国人強制連行受難者追悼実行委員会」が結成されている。

建立場所の交渉、碑文の内容の制限などに苦労しながらも、多くの人に支えられて、2005年（平成17年）10月23日、大阪天保山公園にて日中友好の碑の除幕式が行われた。碑には福建省の御影石が使われ、はるか中国大陸を望むように建てられた。

碑の中には殉難者86名の名前を記した木札が収められており、慰霊祭の日に雨天でなければこの木札を碑の傍らに掲示する。

大阪府大阪市　日中友好の碑 彰往察来

「日中友好の碑　彰往察来」に刻まれた碑文

　先の戦争において、たとえ戦時下という異常な状況の中とはいえ、多くの中国人が日本国内の鉱山や港湾などにおいて、厳しい労務の中で多くの苦難を与えられました。ここ大阪においても、「日本へ強制連行され、大阪で港の荷役を強いられた」といった体験者の証言もあり、また、「華人労務者就労事情調査報告書」（外務省報告書）において、千人を超える中国人のうち八十人を超える方が、港湾荷役労務などの中で、再び祖国へ帰ることなく亡くなっていることが明らかになりました。われわれが心に深く刻み付けて忘れてはならないことは、過去の歴史を教訓として学び、未来を望んで、人類社会の平和と繁栄への道を誤らないことであります。この歴史的事実を厳粛に受け止めて、戦争の悲惨さを語り継ぎ、国籍・民族・文化等の違いを超えた相互理解と友好を深め、永遠の世界平和を心から願う気持ちを込めて、ここに日中友好の記念碑を設置します。

　彰往察来とは「過去をあきらかにし、未来を察する」ということ

慰霊祭開催状況

　1955年（昭和30年）4月に「中国人"俘虜"殉難者慰霊祭」「在阪中国人殉難者慰霊祭」が行われた。大阪府、大阪市が賛同し、労働組合、市民団体、華僑団体や企業も参加した大規模なものだった。しかし、催しとしては1回限りだった。

　その後、1998年（平成10年）に開催された集会が名実とも

に43年ぶりの追悼行事となった。これを契機に以後は毎年追悼会を開催している。

　2005年（平成17年）の第8回追悼会は日中友好の碑の除幕式も兼ねており、遺族4名も招かれた。

碑文

大阪府大阪市　日中友好の碑 彰往察来

日中友好の碑 彰往察来の遠景

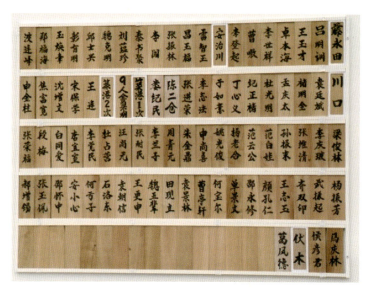

除幕式にて掲示された、殉難者名を記した木札
（普段は碑の内部に収められている）

除幕式の様子を伝える新聞報道（2005年（平成17年）11月2日付『毎日新聞』）

（資料提供　大藪二朗）

192

――広島県山県郡安芸太田町
安野 中国人受難之碑

安野 中国人受難之碑

慰霊碑概要

- **名　称**　安野 中国人受難之碑
- **建立年**　2010 年（平成 22 年）
- **所在地**　広島県山県郡安芸太田町坪野 中国電力安野発電所
- **慰霊碑維持管理**
　　　　西松安野友好基金運営委員会
- **慰霊祭主催**
　　　　西松安野友好基金運営委員会、
　　　　広島安野・中国人被害者を追悼し歴史事実を継承する会
- **慰霊祭開催時期**
　　　　毎年 10 月下旬

広島県山県郡安芸太田町　安野 中国人受難之碑

強制連行概要

　1944年(昭和19年)4月、西松組は労務係を中国大陸へ派遣し、山東省済南市の収容所「新華院」に収容されていた中国人俘虜および一般市民など300名を連行した。300名は青島に移送されたが、出航前に3名が逃亡した。このほかに西松組が独自に調達した63名が合流し、同年7月29日に360名が貨物船に乗せられて青島港から日本へ向かった。航海中、食事や飲み水の不足から3名が死亡している。8月5日、下関港に到着して1泊した後、汽車とトラックで広島県北部にある安野発電所の工事現場に到着した。

　安野発電所は、戦争遂行に必要な電力を供給するため、日本発送電が山県郡安野村坪野（現在は山県郡安芸太田町坪野）に建設した。西松組がその工事を請け負い、1944年（昭和19年）5月に着工した。工事は敗戦により一時中断したものの、戦後中国人が帰国してから再開し、1946年（昭和21年）末に完成した。

　「華人労務者就労事情調査報告書」（外務省報告書）によれば、帰国までの約1年間に、360名中29名が死亡（船中死亡3名、原爆死5名、殴打致死2名を含む）、112名が負傷、269名が罹患したとのことである。

　1945年（昭和20年）3月、病気や怪我で動けなくなった13名が、治療も施されないまま、他の中国人に気づかれないよう密かにトラックに乗せられ、下関港から天津市の塘沽港へ送り帰された。しかしその後はそのまま置き去りにされ、苦労して故郷に帰った人もいれば、途中で死亡した人もいる。

　戦後、秋田県花岡の強制連行受難者の遺骨が偶然発見されたことにより、日本各地で遺骨の調査や収集を行い、送還する民

間の運動が起こった。広島でも日中友好協会が県の協力を得て調査を行い、1958年（昭和33年）に安野で死亡した中国人26名の遺骨を送還した。しかし、増水した川に流された遺体や、原爆死や船中での死亡などで、本物の遺骨を送還できなかった人もいる。

慰霊碑建立経緯

　1992年（平成4年）1月、安野の受難者である張廉氏が手記を河北大学に送ったことがきっかけとなり、同年4月に広島市民が訪中し、河北大学の協力の下、青島で安野の受難者と遺族から話を聞いた。また受難者の中に被爆者が含まれていたことから、訪中団は帰国後「強制連行された中国人被爆者との交流をすすめる会」を結成し、被爆者支援と安野への強制連行の実態調査に取り組んだ。河北大学の学生もこれに協力し、広島から調査団がたびたび訪中して詳細な聞き取り調査を行った。

　1998年（平成10年）1月、受難者3名と遺族2名が代表となり、西松組の強制連行と強制労働の企業責任を問う裁判を広島地裁に提訴した。当初、西松建設は「強制連行は国策だった」「日中共同声明などで問題は解決済みである」として補償に応じない姿勢で、強制連行の事実すら「なかった」と主張した。しかし2008年（平成20年）に方針の大きな転換があり、同社は和解による問題解決を申し出た。それを受けて、日中双方が参加する西松安野友好基金運営委員会が設立され、受難者の調査、受難者や遺族への補償、慰霊碑の建立などが和解事業の柱と決められた。

　慰霊碑の建立は受難者と遺族の悲願であった。用地は中国電力が提供し、安芸太田町の協力も得て、安野発電所を望む小高

い場所に決まった。中国側の希望により、強制連行された360名、日本で死亡した29名にちなんだ数字が盛り込まれ、台座を含めた主石碑の高さは360センチ、主碑のみの高さは290センチで、両側に配された小さい碑には受難者の名前を180名ずつ刻み、その土台の高さを29センチとした。石碑と舞台には中国福建省産の花崗岩が選ばれ、追悼法要を行った善福寺の住職が主石碑の文字を揮毫した。さらにその裏には、中国人受難者および遺族と西松建設の連名で、歴史的事実や和解までの経緯、今後代々の日中友好を願う碑文が中国語と日本語で刻まれている。

慰霊祭開催状況

2010年（平成22年）10月23日の慰霊式と慰霊碑除幕式以来、2013年（平成25年）までの10月23日前後と、2011年（平成23年）、2012年（平成24年）の5月下旬の計6回、受難者とその家族や遺族の希望者による訪日団を現地に招き、追悼の法要と集いを開催。希望者が全員訪日したため、招待事業は終了したが、その後も毎年10月下旬に「中国人受難者を追悼し平和と友好を祈念する集い」を行っている。

1993年（平成5年）、河北大学の聞き取り調査

2010年（平成22年）、除幕式の様子

（資料提供　内田雅敏）

──山口県下関市
日中平和祈念慰霊の碑

日中平和祈念慰霊の碑

慰霊碑概要

- **名　称**　日中平和祈念慰霊の碑
- **建立年**　1985年（昭和60年）
- **所在地**　山口県下関市椋野町 1-26　下関市営関山墓地
- **慰霊碑維持管理**

　　　　下関市
- **慰霊祭主催**

　　　　下関市日中友好協会
- **慰霊祭開催時期**

　　　　毎年10月初め

強制連行概要

　山口県下関市は、連行された中国人の最初の上陸地の1つであり、彦島にあった門司検疫所彦島措置場は、中国人強制連行者と捕虜の検疫施設として、また、彦島疾病兵捕虜収容所として、連合軍の捕虜が収容された。1944年（昭和19年）3月21日青島出港、26日下関到着の496名（1次2次合わせて）が北海道の地崎組伊屯武華（いとむか）出張所へ配置されたのを皮切りに、4月10日塘沽出港、下関到着（到着日不明）の392名が富山県の日本港運業会伏木労工管理事務所へ、4月15日青島出港、19日下関到着の292名が神奈川県の熊谷組与瀬作業所へ、5月5日塘沽出港、11日下関到着の289名（1次）が長野県の鹿島組御岳作業所へ、6月4日青島出港、8日下関到着の459名が茨城県の日本鉱業日立鉱山（161名）と秋田県の同和鉱業花岡鉱業所（298名）へ配置されるなど、中国から連行された人の多くはまずこの地に降り立ち、検疫などを受けた後、全国の作業場に次々と送り出された（他にも福岡県の門司港、大阪府の大阪港などが同じ役割を担っていた）。

　記録上、1945年（昭和20年）5月20日青島出港、30日下関到着後、北海道の日本鉱業大江鉱山へ配置された200名まで、下関港が上陸地点となったのは合計100回を越えた。

　中国から日本までの船中や、上陸して間もなく病気などで命を落とした人々が73名いた。主に青島市とそれ以外の山東省の出身者だった。

慰霊碑建立経緯

　73名の霊を慰めるため、1983年（昭和58年）6月、下関市

日中友好協会の総会で建立を決め、建立実行委員会が募金活動を行うと同時に着工した。建立費は約 200 万円。碑は高さ 4.5 メートルで、碑の周辺は青島産の花崗岩で整備し、市営関山墓地隣接の円陵寺から約 30 メートル離れた、かつては無縁仏の納骨堂があった場所に建立され、1985 年（昭和 60 年）10 月 28 日に除幕式が行われた。傍に建立の由来を記した石碑もある。

　碑文は以下の通り。

　　第二次世界大戦末期において、中国から日本へ強制就労の途次、不幸にも船中にて客死された中国人殉難者は、下関入港の際、ゆかりあって、この地に埋葬されました。
　　昭和三十年、下関市並びに関係団体は、懇なる慰霊祭を行い、遺骨を天津港に送りとどけたのであります。
　　光陰矢の如く、早くも、その時より三十年を経過した今日、更めて過去を省み、殉難者の霊を慰めると共に、日本と中国との恒久平和を祈念するため、この碑を建立したものであります。

昭和六十年十月二十八日　　　　　　　　下関市長　　泉田芳次
　　　　　　　　　　　　　　　　　　下関市日中友好協会
　　　　　　　　　　　　　　　　　　　会長　　石原昭二
　　　　　　　　　　　　　　　　　　理事長　　錦織久芳
　　　　　　　　　　　　慰霊碑建立実行委員長　　金田満男

慰霊祭開催状況

　「下関市営墓地に、戦時中日本に連れてこられて不幸にも倒

山口県下関市　日中平和祈念慰霊の碑

れた中国人俘虜の遺体が多数土葬されていることが明らかになり、これらの遺体をその本国に送還する運動が起された。この訴えは多くの人々の支持を得、送還のための世論も高まり、日中友好協会下関支部、日本赤十字社、下関仏教同盟、下関市役所などが中心となって、当時の関係者の協力を得て事実の再確認をし、遺骨送還実行委員会を組織して広く大衆的な規模でこの運動を発展させ、発掘、慰霊祭をおこなう運びとなった」(1955年（昭和30年）9月22日付『長周新聞』）。

1955年（昭和30年）に下関市と関係団体によって73名の遺体を火葬に付し、光明寺にて慰霊祭を行った。同年11月に遺骨を天津港に送り届けた。

1985年（昭和60年）の碑建立以来、毎年10月初めに慰霊祭を行っている。

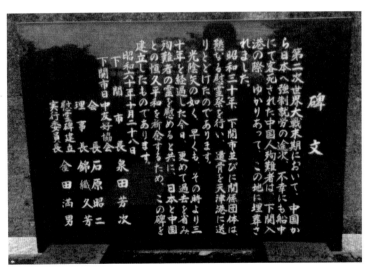

日中平和祈念慰霊の碑　碑文

完成除幕式の新聞報道
（1985 年（昭和 60 年）10 月 29 日付『朝日新聞』）

慰霊祭を伝える新聞報道
（2010 年（平成 22 年）10 月 7 日付『朝日新聞』）

山口県下関市　日中平和祈念慰霊の碑

2011年（平成23年）慰霊祭の参列者

2011年（平成23年）慰霊祭の様子

（資料提供　金田満男）

——愛媛県新居浜市
中国人"俘虜"殉難者慰霊之碑

中国人"俘虜"殉難者慰霊之碑

慰霊碑概要

- **名　称**　中国人"俘虜"殉難者慰霊之碑
- **建立年**　1954 年（昭和 29 年）、1969 年（昭和 44 年）現在の場所に移設
- **所在地**　愛媛県新居浜市山根町 8-1 瑞應寺
- **慰霊碑維持管理**
    新居浜市日中友好協会
- **慰霊祭主催**
    新居浜市日中友好協会
- **慰霊祭開催時期**
    毎年 10 月 1 日

愛媛県新居浜市　中国人"俘虜"殉難者慰霊之碑

強制連行概要

「東平」（愛媛県新居郡角野町立川山、現在は新居浜市）は四国山脈の北側に面した海抜約 800 メートルの山間部で、住友鉱業別子鉱業所の採鉱本部が置かれたところ。最盛期には約 3,800人の鉱山関係者が住んでいたということだが、1968 年（昭和43 年）に休止した後は無人の地となっている。

別子鉱業所に中国人労働者が強制連行されたのは、1944 年（昭和 19 年）10 月からのことであり、第 1 次から 1945 年（昭和 20 年）5 月の第 3 次までの合計は 662 名である。これは1943 年（昭和 18 年）当時の別子鉱業所の労働者 7,152 名の 1割弱にあたる。このような人員と中国人労働者をもって、銅鉱の増産計画が実行されたのである。

1945 年（昭和 20 年）11 月の帰還までに 191 名が飢えや病気などによって死亡。輸送中の死者も合わせると 208 名が犠牲となった。

また、日本の敗戦が近い 1945 年（昭和 20 年）8 月 12 日の夜半に、33 名が脱走し、このうち 2 名は見つからず、今なお行方不明となっている。

集団別では、別子鉱業所の第 1 次の集団が 53.8% の死亡率であり、全国 135 の事業場の事例の中でも第 3 位になっている。なお、第 2 次の集団の死亡率は 18%、第 3 次の集団の死亡率は 23.2% であった。

また、別子鉱業所全体としての中国人死傷病数の数値は、死亡率 30.1%、罹病率 267.3%、傷病者に対する死亡率 11.4% だった。死亡原因として多いのは、伝染性疾患（腸チフス、赤痢、大腸カタル）が 74 名、呼吸器病（気管支炎、肺炎）が 53 名、新陳代謝および全身病が 26 名となっている。

慰霊碑建立経緯

1953年（昭和28年）11月、四国華僑総会と愛媛県華僑総会が愛媛県地方労働組合評議会に対して遺骨捜査と中国への遺骨送還についての協力を要請した。

1954年（昭和29年）1月には愛媛県、新居浜市、愛媛地評、別子労組など官民36団体による「四国別子鉱山中国人"俘虜"殉難者慰霊実行委員会」が発足。同年6月に東平地区に中国人"俘虜"殉難者慰霊之碑を建立した。そして11月に208名の遺骨を中国に送還した。

その後、1969年（昭和44年）の別子鉱山閉山に伴い、慰霊之碑は瑞應寺に移された。

慰霊祭開催状況

1954年（昭和29年）3月、瑞應寺にて慰霊大法要を開催したのが始まり。1983年（昭和58年）以降現在まで、毎年10月1日の中国の国慶節に合わせて慰霊供養が行われている。殉難者の家族も招待されている。

愛媛県新居浜市　中国人"俘虜"殉難者慰霊之碑

2011年（平成23年）の中国人殉難者慰霊祭の様子

2011年（平成23年）の中国人殉難者慰霊祭の様子

（資料提供　中田晃）

──福岡県田川市
鎮魂の碑

鎮魂の碑

慰霊碑概要

- **名　　称**　鎮魂の碑
- **建立年**　2002 年（平成 14 年）
- **所在地**　福岡県田川市伊田 2734-1 田川市石炭記念公園
- **慰霊碑維持管理**
  　　　日中友好協会田川支部
- **慰霊祭主催**
  　　　日中友好協会田川支部
- **慰霊祭開催時期**
  　　　不定期

福岡県田川市　鎮魂の碑

強制連行概要

　三井田川炭鉱では合計2万人近くがガス爆発や落盤、出水、坑内火災などの犠牲になり、命を落としたとされている。そこには強制的に送り込まれた中国人も含まれていて、連行された668名（669名との記述もあり）のうち27名が死亡した。作業現場での災害による殉職が6名、病死が21名で、そのうち3名が獄死だった。終戦後に亡くなった人も3名いる。

慰霊碑建立経緯

　2002年（平成14年）4月27日、日中友好協会田川支部によって、田川市石炭記念公園に「鎮魂の碑」が建立された。資金は、30年間に中国の物産や物品を販売して得た利益と、太極拳の講習で蓄えた資金、吉林省民族楽団を招聘して行った公演の益金をあてた。

　碑には犠牲となった27名の名前と出身地が刻まれている。原石は被害者の出身地の1つである四川省の石材が使われ、青島の石材店の協力により制作された。

　完成時には被害者を代表して2名が中国から招かれ、除幕を行った。

　強制連行中国人殉難者　鎮魂の碑・碑文

　建立にあたって

　かつて一五年戦争の末期（一九四三年～一九四五年）日本政府は国内の労働力不足を解消し、戦時下の生産力を維持するため、当時侵攻していた中国大陸での中国軍俘虜および行政供出によって中国人三八九三五名を日本国内に強制連行した（内六八三〇名死亡）と記録されている。

その中で、三井鉱山田川第二・第三坑に六六八名が送り込まれ、終戦まで石炭生産に従事させられたのである。その間、六名が作業現場で災害により殉職、二一名は病死（内三名獄死）で不帰の人となった。これら殉職者の冥福を心から祈るものである。歴史を鑑に恒久平和を願って…。

慰霊祭開催状況

　慰霊祭は特別なときにだけ開催されている。戦後70周年にあたる2015年（平成27年）にも実施された。

鎮魂の碑の説明を聞く人々

（資料提供　一番ヶ瀬宗幸）

——福岡県大牟田市

三井三池炭鉱宮浦坑中国人殉難者慰霊碑

三井三池炭鉱宮浦坑中国人殉難者慰霊碑

慰霊碑概要

- **名　称**　三井三池炭鉱宮浦坑中国人殉難者慰霊碑
- **建立年**　2013 年（平成 25 年）
- **所在地**　福岡県大牟田市西宮浦町 132 番地 8　宮浦石炭記念公園
- **慰霊碑維持管理**

　　　　日中友好協会福岡県連合会、日中友好協会熊本支部、
　　　　日中友好協会大牟田支部
- **慰霊祭主催**

　　　　日中友好協会福岡県連合会、日中友好協会熊本支部、
　　　　日中友好協会大牟田支部
- **慰霊祭開催時期**

　　　　毎年 7 月第 2 日曜日

218

福岡県大牟田市　三井三池炭鉱宮浦坑中国人殉難者慰霊碑

強制連行概要

　三井三池炭鉱は正式名称を三井鉱山三池鉱業所という。石炭が15世紀中ごろに発見されたことに始まり、1700年代には個人所有の炭坑が柳川藩、三池藩に接収されるなどして、藩営炭鉱となっていった。1873年（明治6年）には明治政府が直接経営する官営炭坑となり、1875年（明治8年）には囚人労働が始まった。1889年（明治22年）、明治政府の炭坑払下げにより、三井資本経営の炭坑となってからも囚人労働は引き継がれ、1909年（明治42年）からは与論島労務者、1941年（昭和16年）からは強制連行された朝鮮人、1943年（昭和18年）からは戦時の白人捕虜および強制連行された中国人の強制使役が始まった。三池炭山には計76もの坑口があり、中国人が使役されたのは36番目に開鑿された万田坑、40番目の四山坑、42番目の宮浦坑である。

　1944年（昭和19年）から1945年（昭和20年）にかけて、河北省、河南省、山東省などで「うさぎ狩り」と称される労工狩りが行われ、約2,500名の中国人が三井三池炭鉱に強制連行された。連行される前の職業を見ると、農業が2,054名と圧倒的に多いが、少数ながら公務員や教員、医師、警官、政治家も含まれている。

　拉致された中国人はいったん収容所に集められ、着の身着のまま天津市の塘沽港から船で日本へ運ばれた。1944年（昭和19年)5月10日の第1次は412名、5月1日の第2次は231名、10月18日の第3次は343名、1945年（昭和20年）1月30日の第4次は595名、2月4日の第5次は593名、2月26日の第6次は307名が乗船している。すし詰め状態で十分な食事も与えられず、第3次は4名、第4次は31名、第5次は54名が船

中で死亡した。

連行されてきた中国人労働者は、宮浦、万田、四山の3坑で使役された。

三井三池炭鉱の強制連行中国人 2,481 名のうち、船中や移動途中、労働災害と病気で計 635 名が死亡した。なお、数字は資料によって若干の差がある。

慰霊碑建立経緯

2009 年（平成 21 年）12 月、福岡、熊本両県の日中友好協会代表 7 名が大牟田市役所を訪れ、宮浦石炭記念公園の一角に慰霊碑を建立することを申し入れた。その後 2013 年（平成 25 年）6 月に大牟田市長と確認書を取り交わし、8 月に除幕式が行われた。慰霊碑の前面には 44 名の殉難者の名前や死亡時の年齢、裏面には「悲しみは　国境を越え　ここに眠る」として、歴史的事実や犠牲者への追悼、日中友好の誓いを表明する碑文が日本語と中国語で刻まれている。

慰霊祭開催状況

2013 年（平成 25 年）8 月 4 日、慰霊碑除幕式ならびに第 1 回慰霊祭を開催した。その後は毎年 7 月の第 2 日曜日に行われている。

福岡県大牟田市　三井三池炭鉱宮浦坑中国人殉難者慰霊碑

2015年（平成27年）　第3回慰霊祭時の記念撮影

除幕式の際の慰霊碑と両国国旗

除幕式の様子

(資料提供　星野信)

——熊本県荒尾市
中国人殉難者供養塔

中国人殉難者供養塔

慰霊碑概要

- **名　　称**　中国人殉難者供養塔
- **建立年**　1972 年（昭和 47 年）
- **所在地**　熊本県荒尾市樺 2773-136　正法寺
- **慰霊碑維持管理**
  　　　　小岱山正法寺　法雲山金剛寺
- **慰霊祭主催**
  　　　　殉難者合同慰霊祭実行委員会
- **慰霊祭開催時期**
  　　　　現在は毎年 4 月 12 日に開催。他にも毎月 8 日に中国人、朝鮮人犠牲者のための法要も行っている。

熊本県荒尾市　中国人殉難者供養塔

強制連行概要

　福岡県の大牟田市史によると、第二次大戦中に三井鉱山に強制連行された中国人は4,811名で、うち熊本県荒尾市一帯と福岡県大牟田市、三池郡高田町（現在はみやま市）の3つの地域にまたがる三井三池炭鉱では、2,348名の中国人が採炭や坑道掘削作業などに強制的に従事させられた。詳細な死亡者数には諸説あるが、五百余名が死亡したとされている。荒尾市にある三井三池炭鉱万田坑と三井三池炭鉱四山坑には、外務省の「華人労務者就労事情調査報告書」（外務省報告書）によれば、1944年（昭和19年）5月10日塘沽出港の第1次412名、1945年（昭和20年）1月31日塘沽出港の第2次595名、同年2月4日塘沽出港の第3次593名、同年2月26日塘沽出港の第4次307名の計1,907名の中国人が配置された。

　1944年（昭和19年）9月には坑内火災が発生、焼死体で見つかった17名のほとんどは、連行された中国人労働者だったという。

　なお、この万田坑と四山坑に、三井三池炭鉱宮浦坑を合わせた福岡県大牟田地区と熊本県荒尾地区は、主に1つの地域としてみなされることが多いため、福岡県大牟田市「三井三池炭鉱宮浦坑中国人殉難者慰霊碑」（p.217）の項も参照していただきたい。

慰霊碑建立経緯

　荒尾市は孫文と親交の深かった宮崎滔天の出身地でもあり、また鎌倉時代の名僧で宋代の中国に留学経験のある月輪大師が正法寺を建立した際、中国の岱山からとって「小岱山」と命名

225

したとも言われており、もともと荒尾と中国の結びつきは古い。

　真言宗金剛寺の赤星善弘住職は13歳で仏門に入り、高野山で修行を重ね、弘法大師空海の教えを学んだ。幼少時、朝鮮人への蔑視や、強制連行されてきた中国人労働者の痛ましい姿を目の当たりにした体験がある。さらに中国人労働者の証言などを聞き、住職就任後「なんとかしなくては中国の人たちに申し訳ない」「大師がもし現世の人であったら、何を求め何を行じられるか」という思いを強くした。1971年（昭和46年）、「中華人民共和国の殉難者供養塔建立期成会」を、同じ荒尾市の住職十数人と熊本県玉名市からの参加者を含む有志数十人とともに結成し、趣意書を持って熊本県下を回り、広く熊本県民に歴史の事実を訴えながら、碑の資金にするため托鉢で浄財を集めて歩いた。真言宗のみならず天台宗、浄土宗など、宗派を超えた23人の有志が托鉢に回った。より多くの人に加わってもらおうと、金額は1口10円に決めていたが、予想以上の反響を呼び、約3か月で目標の40万円を軽く越える浄財が集まった。1972年（昭和47年）には厚生省援護局を訪れ、犠牲者の名簿公開を要請して各地の中国人死亡者名簿を受け取った。この名簿は碑に埋葬して供養した。

　こうして、1972年（昭和47年）に供養塔が完成。建立された供養塔は、高さ1.4メートルの台石に蓮座を敷き、その上に唐津石を磨いた直径1メートルの玉塔が置かれている。玉塔正面には、宇宙を意味する梵字の「あ」が大きな金文字で刻まれている。玉と梵字は、大自然の永遠の生命と平和を象徴し、「世界は1つ」との願いも込められている。同年4月12日に除幕式と追悼供養が行われた。式には地元関係者や在日中国人のほか、当時の熊本県知事、県議会議長などが参列した。また、同

熊本県荒尾市　中国人殉難者供養塔

年10月には朝鮮半島出身の犠牲者を弔う「不二之塔」が供養塔の隣に建立された。

中国人殉難者供養塔建立碑文は以下の通りである。

第二次世界大戦によって強制労働を強いられ労苦の果て望郷の念たちがたきまま、異国の地に尊い人命を犠牲にされた多くの中国人殉難者に対し、深甚なる哀悼の意を表すると共に永遠に追善供養の真を捧げんが為、供養塔建立を発願し僧俗一体となり、県下各地を托鉢し広く県民の世論に訴え真心こもる浄財を賜り茲に念願の供養塔をゆかり深き当山に建立し得た事は、偏に月輪大師の御霊徳の然らしむる処であり県民の理解ある御支援御協力の賜と深謝の意を表する次第である。

願わくば月輪大師の超宗派的教学の御心に添い世界の平和と共存共栄を願う仏教徒として、国交回復の一日も早からんことを念願し日中両国の国際親善に聊かでも寄与せん事を願う次第である。

昭和四十七年四月十二日

慰霊祭開催状況

1972年（昭和47年）4月12日に供養塔除幕式と追悼供養が行われ、以来、毎年春に中国人と南北朝鮮人の殉難者合同慰霊祭が行われている。

このほか、毎年、旧暦の7月15日に合わせて、住職や檀家信徒の手作りの特大精霊舟を有明海に流す特別法要や、月輪大師の月命日でもある毎月8日に月例供養も行われている。

中国人殉難者供養塔（右）と不二之塔（左）

供養塔建立のため
托鉢をする僧侶たち

熊本県荒尾市　中国人殉難者供養塔

1972年（昭和47年）4月12日の除幕式の様子

2011年（平成23年）の第40回合同慰霊祭の様子

2012年（平成24年）の第41回合同慰霊祭の様子

2015年（平成27年）の第44回合同慰霊祭時の記念撮影

（資料提供　赤星善弘）

——長崎県長崎市
浦上刑務支所・中国人原爆犠牲者追悼碑

浦上刑務支所・中国人原爆犠牲者追悼碑

慰霊碑概要

- **名　称**　浦上刑務支所・中国人原爆犠牲者追悼碑
- **建立年**　2008 年（平成 20 年）
- **所在地**　長崎県長崎市松山町 2400-3 長崎平和公園
- **慰霊碑維持管理**
    浦上刑務支所・中国人原爆犠牲者追悼碑維持管理委員会
- **慰霊祭主催**
    中国人原爆犠牲者追悼碑建立委員会
- **慰霊祭開催時期**
    毎年 7 月

長崎県長崎市　浦上刑務支所・中国人原爆犠牲者追悼碑

強制連行概要

　長崎県内では4つの炭鉱に計1,042名の中国人が強制連行され、労働を強いられた。その間の死亡者は115名と、死亡率は1割を超える。内訳は、三菱鉱業が経営する高島炭鉱（長崎市）に205名連行、うち死亡者は15名。端島炭鉱（長崎市）に204名連行、死亡者は15名。崎戸炭鉱（西海市）に436名連行（1次231名、2次205名）、死亡者は64名。日鉄鉱業が経営する鹿町炭鉱（佐世保市）には197名が連行され、死亡者は21名であった。

　三菱鉱業が長崎県内に有した3つの鉱業所は、当時「一に高島、二に端島、三に崎戸の鬼ヶ島」と言われていた。崎戸島は「鬼ヶ島」、高島は「白骨島」と呼ばれ、また「端島の桟橋にある石造りの門は一生出られない地獄門」とも言われ、皆に恐れられた孤島の「炭鉱」であった。

　死亡者のうち崎戸炭鉱の26名と鹿町炭鉱の6名は、浦上刑務支所に拘留中、原爆により即死した。ダイナマイト隠蔽やスパイ容疑など、治安維持法違反や国防保安法違反の嫌疑をかけられて検挙された中国人は33名であったが、1名は警察の取り調べ中に死亡したため、そこには含まれていない。

　32名の原爆遺族への調査では、連行されたほとんどが農民だったことが分かった。

慰霊碑建立経緯

　1953年（昭和28年）7月から1964年（昭和39年）11月にかけて「中国人"俘虜"殉難者慰霊実行委員会」によって9次にわたり殉難者の遺骨が送還された。浦上刑務支所での原爆犠牲者については、刑務所当局の原爆殉難合祀場（長崎市本蓮寺）から霊灰を収集し、33

名分として天津の「在日殉難烈士・労工紀念館」に送った。

　「中国人原爆犠牲者追悼碑建立委員会」では長崎県に対して、高島炭鉱、端島炭鉱、崎戸炭鉱、鹿町炭鉱の４つの事業所跡それぞれに、犠牲となった115名を追悼する碑を建てるよう働きかけてきた。その一方で、長崎平和公園に原爆犠牲者の追悼碑を建てる計画を進めた。他の追悼碑は爆心地公園周辺にしか認められていなかったが、この追悼碑については浦上刑務支所のあった長崎平和公園内に建立しなければ意味がないと、長崎市と何度も粘り強く交渉した。また、市民の力だけで建てようと、地道な街頭募金活動も続けられた。そうした奔走の甲斐あって、2008年（平成20年）7月7日、平和の泉の横に追悼碑が完成。除幕式には遺族3名も来日した。

　追悼碑には以下のように刻まれている。

　戦時中、日本は約4万人の中国人を強制連行し、炭鉱や鉱山、港湾、土木工事などで苛酷な労働を強いて、わずか1年余りの間に6,830名もの死亡者を出しました。労働力不足を補うために、日本政府と企業が連携して推し進めた政策で、35の企業がかかわり、労働現場は135の事業場に及びました。

　長崎県内では三菱鉱業の高島炭鉱に205名、端島炭鉱に204名、崎戸炭鉱に436名、日鉄鉱業の鹿町炭鉱に197名の合計1,042名が強制連行され、死亡者はそれぞれ、15名、15名、64名、21名の合計115名にのぼりました。

　この死亡者のうち、崎戸の26名と鹿町の6名が遠く離れた長崎の浦上刑務支所に拘留されて原爆の犠牲となったのです。

長崎県長崎市　浦上刑務支所・中国人原爆犠牲者追悼碑

　平和公園は浦上刑務支所があったところです。この地に建つ中国人原爆犠牲者追悼碑は、非業の死を悼み、正しい歴史認識と日中友好を願って、2008年7月7日、除幕されました。
（中文・省略）
（英文・省略）
　　　　　管理者：中国人原爆犠牲者追悼碑維持管理委員会
　　　　　　　　　　　　　　　　代表　本島等

慰霊祭開催状況

　2008年（平成20年）7月7日の追悼碑除幕式の後には碑の前で冥銭を焼き、中国式の追悼式が行われた。以来、毎年7月に碑の前で中国人原爆犠牲者追悼式が営まれている。なお、「慰霊」は神道用語のため使用せず、「追悼碑」「追悼式」としている。

中国人原爆犠牲者追悼式の様子

2008年（平成20年）の追悼碑除幕式の様子

除幕式の様子を伝える新聞報道
（2008年（平成20年）7月8日付『朝日新聞』）

（資料提供　高寶康稔）

付録

付録1

駐日本中国大使からの感謝状

　日本各地にある強制連行中国人殉難労働者慰霊碑の維持管理
または建立運動をしている関係者に対して駐日本中国大使より
感謝状が送られた。
　以下掲載してあるものは三笠市より提供していただいたもの
であるが、多くの団体に同様の文書が送られた。

付録 1　駐日本中国大使からの感謝状

感谢信

三笠市日中友好协会及相关人士：

　　今年是第二次世界大战结束 60 年。过去日本军国主义发动的那场侵略战争给中国人民和亚洲邻国人民带来极大痛苦和灾难，日本人民也深受其害。当年日本从中国强行抓来大批劳工，使他们在异国他乡受尽非人道的待遇，短短几年内就有大批人死亡，这是一段不幸的历史。我们要正视历史，总结经验教训，走和平发展道路，实现中日两国人民的真正世代友好。

　　令人欣慰的是，战后 60 年来，许多日中友好团体和日本地方政府坚持中日友好信念，克服种种困难，为牺牲在日本的中国劳工建立起"慰灵碑"、"中日友好碑"等，并不断举行各种形式的纪念活动，为增进两国人民之间的友好，改善和发展中日关系作出了积极贡献。中国人民对你们的友好

和善意从来没有忘记。在此，我本人并谨代表中国大使馆对你们长期以来的辛勤工作，表示由衷的感谢和敬意！

经历过战争苦难的两国人民渴望持久和平，中日友好归根到底是两国人民之间的友好。我希望你们能继续本着对历史和子孙后代的责任感，维护和保存好这些体现日本人民友善情谊的纪念碑。我相信通过双方的共同努力，中日两国一定会保持永久和平，实现共同发展，两国人民也一定会和睦相处，世代友好。

中华人民共和国驻日本国特命全权大使

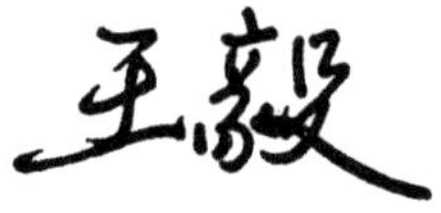

王毅

二 00 五年八月吉日

付録1　駐日本中国大使からの感謝状

日本語訳

感謝状

三笠市日中友好協会および会員の皆様

　今年は第二次世界大戦終戦60周年であります。かつて日本軍国主義者が起こしたあの侵略戦争は中国およびアジア隣国の人々に多大な苦痛と災難をもたらし、日本人民も大きな損害を被りました。当時日本は中国から数多くの労働者を強制連行し、異国の地で非人道的待遇を強いたため、数年の短い間に大勢の死者を出しました。これは歴史の、不幸な一時期であります。われわれは歴史を直視し、教訓を汲み取り、平和の道を歩んで、中日両国人民の代々にわたる真の友好を実現させなければなりません。

　喜ばしいことに、戦後60年来、数多くの中日友好団体と日本の地方自治体が中日友好の信念を堅持し、様々な困難を乗り越えて、強制連行中国人殉難労働者のために「慰霊碑」、「中日友好の碑」を建てました。また、さまざまな記念行事を執り行って、両国人民の友好の増進、また中日関係の改善と発展に積極的な貢献をなされました。中国人民は皆様の友好と善意を忘れたことはありません。ここに、私は中国大使館を代表して、謹んで皆様の長きにわたるご尽力に心からの感謝と敬意を表します。

　戦争の苦難を経験してきた両国人民は末永い平和を望みます。中日友好とはつまり、両国人民の間の友好であります。皆様は引き続き歴史や後世への責任感を踏まえて、日本人民の友好の誼を物語るこれらの慰霊碑を大事に保存していただきたいと思います。私は中日両国がともに努力することで、必ず末永く平和を保ち、ともに発展することができ、両国人民も仲睦まじく、子々孫々まで友好関係を続けていくことができると確信しています。

中華人民共和国駐日本国特命全権大使
王　　毅
二〇〇五年八月吉日

中 华 人 民 共 和 国 大 使 馆

感 谢 信

三笠日中友好协会：

今年是第二次世界大战结束 70 周年。日本军国主义发动的那场侵略战争给中国等亚洲邻国带来深重灾难。当年日本从中国强行抓来多达 38935 名无辜平民和战俘到日本各地，强迫从事极其繁重艰苦的劳役，使他们在异国他乡受尽非人道对待，其中 6830 人因此失去宝贵的生命。日本军国主义者制造的这段人间惨剧值得深刻铭记和反思。

战后长期以来，日本许多民间友好团体、地方政府、各界民众基于对侵略战争的深刻反省，秉持期盼中日和平友好的坚定信念，自发收集并送还中国死难劳工遗骨，整理相关历史资料，为他们树碑并举行祭奠活动，以实际行动慰藉逝者、警醒后人。你们的友好和善意之举值得敬佩，我谨代表中国驻日本大使馆向你们致以由衷感谢和诚挚敬意！

今年 5 月，习近平主席在北京出席中日友好交流大会时指出，中日友好的根基在民间，中日关系前途掌握在两国人民手里。只要中日两国人民真诚友好、以德为邻，就一定能实现世代友好。希望双方共同努力，进一步促进中日友好交流，不断增进两国人民的相互理解与信赖，共同为两国世代友好和人类和平作出积极贡献。

中华人民共和国驻日本国特命全权大使

程永华

二〇一五年八月吉日

付録 1　駐日本中国大使からの感謝状

（日本語訳）

感謝状

三笠日中友好協会殿

　今年は第二次世界大戦終結 70 周年であります。日本軍国主義が発動したあの侵略戦争は中国をはじめ、アジアの近隣諸国に甚大な災いをもたらしました。日本は当時、中国から 38,935 名もの無辜の民間人と捕虜を日本各地に強制連行し、強制的に過酷な労働に従事させました。異国の地で非人道的な扱いを受け、そのうちの 6,830 人の尊い命が奪われてしまいました。日本軍国主義者が引き起こしたこの惨劇は、深く心に刻み、歴史の教訓として忘れてはならないものであります。

　戦後、日本の多く民間友好団体、地方自治体、各界の方々は長きにわたり、侵略戦争に対する深い反省と中日平和友好関係への確固たる信念に基づき、強制連行中国人殉難労働者の遺骨を自発的に収集・送還し、関連の歴史資料を整理し、慰霊碑を建て慰霊行事を行うなど、実際の行動をもって受難者の霊を慰め、後世に警鐘を鳴らしました。皆様の友好的かつ善意あふれる行動は敬服に値するものであり、中華人民共和国駐日本国大使館を代表し、心から敬意と感謝の意を表します。

　習近平主席は今年 5 月、北京で開かれた中日友好交流大会に出席した際、中日友好の基盤は民間にあり、中日関係の前途は両国国民の手に握られている。中日両国国民は誠心誠意、友好関係を築き上げ、徳をもって隣国と付き合えば、両国の子々孫々にわたる友好は必ず実現できる、と指摘しました。双方がともに努力し、中日友好を一層促進し、両国国民の相互理解と信頼を絶えず深め、両国の子々孫々にわたる友好と人類の平和のために積極的貢献を果たすよう願う所存であります。

中華人民共和国駐日本国特命全権大使
程永華
二〇一五年八月吉日

付録2

戦後70年
強制連行中国人殉難労働者
慰霊碑維持管理者座談会議事録

付録 2　座談会議事録

　2015 年（平成 27 年）9 月 18 日「戦後 70 年　強制連行中国人殉難労働者慰霊碑維持管理者座談会」が駐日本中国大使館で行われ、日本全国 28 か所合計 46 名の慰霊碑維持管理団体代表者および慰霊祭の運営に関わる諸団体の代表者が出席した。

　2015 年（平成 27 年）は第二次世界大戦終結 70 年にあたる。日本軍国主義が発動した侵略戦争は、中国をはじめアジアの近隣諸国に重大な災害をもたらした。当時、日本は中国から 3 万8,935 名の民間人と捕虜を強制連行し、日本各地において過酷な労働に従事させていた。そして、そのうち 6,830 人が帰らぬ人となった。

　戦後多くの日本民間友好団体、地方自治体、各界の人々が強制連行中国人殉難労働者の遺骨を自発的に収集し、中国へ送還し、関連の歴史資料を整理し、慰霊碑を建て、慰霊行事を行った。実際の行動をすることで殉難者の霊を慰めようとした。

　最新の統計によると、日本には 24 の都道府県に約 40 の強制連行中国人殉難労働者の慰霊碑が建てられている。この数字には強制連行中国人殉難労働者と直接関係のない、日中友好、日中不再戦などだけを目的とした石碑は含まれていない。

　座談会では、出席した慰霊碑維持管理代表者および慰霊祭の運営に関わる諸団体代表者が強制連行の概要、慰霊碑建立の経緯、慰霊碑維持管理の状況、慰霊祭の開催状況、また今後の課題などについて発言した。

　ここでは座談会の様子を記録、整理し読者の皆様に供する。

「強制連行中国人殉難労働者慰霊碑」
維持管理者座談会における程永華大使のあいさつ

2015年（平成27年）9月18日

開会のあいさつをする程永華大使

　戦後70周年という重要な歴史の節目にあたり、本日、日本全国各地の強制連行中国人殉難労働者慰霊碑の維持管理者が一堂に会し、ともに歴史を振り返って総括し、慰霊碑の維持、記念行事の開催について座談会を開き、平和に対する追求とあこがれを表明することは、特別で重要な意義があります。駐日本中国大使館を代表し、かつて迫害されて犠牲となった強制連行中国人殉難労働者に深い哀悼の意を表し、長期にわたり慰霊碑を管理して維持し、また記念行事の開催を堅持してこられた各友好団体と関係者に対し、心より敬意と謝意を申し上げます。

　日本軍国主義が起こしたあの侵略戦争は、中国とアジア諸国の国民に大きな災難をもたらしました。84年前の本日、日本軍国主義が世界を驚かす「九・一八」事変を引き起こし、これによって中国に対する侵略戦争を始めました。14年にわたる苦しい歳月の中で、中国人民が前例のない悲惨な災禍に見舞われ、大きな民族的犠牲を払いました。

　強制連行は日本軍国主義が侵略戦争の中で、中国人民に対して犯した重大な犯罪行為の1つであります。記載によると、

付録2　座談会議事録

1942年（昭和17年）から1945年（昭和20年）の間、3万8,935人もの中国人労働者が日本に強制連行され、基本的な人権が保障されない状況の下で、苦役に従事させられ、非人道的虐待を受けて、その中の6,830人が酷使と迫害の下で死亡しました。

　「前のことを忘れず、後の戒めにする」といいます。日本軍国主義の侵略の歴史を正しく認識し、これに正しく向き合うことは、歴史を忘れず、正義を守るための要請であり、日本とアジアの隣国との関係改善の重要な基礎であり、戦後の中日関係の再構築と発展のための重要な前提でもあります。先般、中国政府は北京で中国人民抗日戦争および世界反ファシズム戦争勝利70周年記念行事を盛大に催しました。習近平主席は演説の中で次のように強調しました。歴史の啓示と教訓は人類の共同の精神的財産であり、あの時代を経験した人々であっても、またあの時代の後に生まれた人々であっても、正しい歴史観を堅持し、歴史の啓示と教訓をしっかり覚えておかなければなりません。このことを私たちはしっかりと銘記しなければなりません。

　長期にわたり、日本国内の平和友好の力、関係地方政府と市民は侵略戦争への反省と中国市民への真摯な気持ちをもって、在日華僑と一緒に強制連行中国人殉難労働者の遺骨を収集して中国に送還し、関連の歴史資料を収集して整理するとともに、慰霊碑を建て、困難を乗り越えて追悼活動を行ってきました。この義挙によって、真相が保存されて伝えられ、強制連行中国人殉難労働者の霊が慰められました。日本の一般市民が追悼活動に参加したことは、戦争の惨禍を反省して悲劇を二度と繰り返さないという日本社会の正義の声を反映し、強制連行中国人殉難労働者の遺族と中国市民から高い評価を得ています。

247

本日、ご在席の友人の皆様、および座談会に出席できなかっ
た、慰霊碑の維持に力を入れ、記念行事の開催を堅持する日本
各地の友人の皆様は、侵略戦争を反省し、平和維持を提唱し、
中日友好を主張する有識者であります。皆様が一層積極的な行
動によってより多くの日本の一般市民、特に若い世代に働きか
けて、歴史の真相を理解し、中日友好に尽力し、歴史教訓の銘
記を両国国民の平和共存の原動力にするよう、心より希望して
います。

　駐日本中国大使館は今までどおりに皆様の義挙を支持してい
きます。本日の座談会には中国大使館からの参加者のほか、各
総領事館の代表も参加しています。わたしたちは今後も引き続
き日本各地で行われる強制連行中国人殉難労働者の慰霊活動に
積極的に参加し、支援していきます。皆様が活動の実施や日常
の維持活動の中で何か困難があれば、大使館と総領事館はその
解決に積極的に協力したいと思います。

　ご清聴、ありがとうございました。

北海道旭川日中友好協会会計監査、元副会長　石田博氏

　中国人強制連行事件の殉難の碑の建立や慰霊について、旭川での経過を申し上げたいと思います。顧みれば1941年（昭和16年）、北海道大雪山の麓に水力発電所を建設することが決まりました。この水は山の中を通りますので、水温が下がります。その水を田んぼに入れますと、水田ができなくなります。そこで遊

慰霊碑の説明をする旭川日中友好協会会計監査、元副会長の石田博氏

水池を作ることになりました。1944年（昭和19年）、連行された中国の人はその遊水池工事に関わったのであります。

　北海道の冬は皆さんもご承知の通り非常に厳しく、当時は食べる物も粗末で、劣悪な労働条件の中で多くの方々が殉難されました。記録によりますと中国人338名が連行され、途中亡くなられた方を含め88名の方が犠牲になったのであります。1954年（昭和29年）、旭川市長、坂東幸太郎氏が祭主となり、88名の遺骨を中国に送還し、木製の慰霊碑を現地に建立し、旭川市の大休寺というお寺で慰霊祭を執り行ったと言われております。しかしその後、私たちが調査するまでどのような行事がなされたかは知ることはできませんでした。1967年（昭和42年）中国東方紅曲芸団旭川公演がありまして、私は事務局長として公演の先頭に立ちました。公演は大成功で会場は超満員になりました。このときこの公演を支えた私たちの多く

の仲間は、1968年（昭和43年）春を迎えて日中友好協会旭川支部を結成し、私が初代の事務局長に選出されました。会議の中で強制連行中国人殉難労働者が眠る東川の強制連行事件を知り、現地調査を旭川華僑総会の人たちと共同で始めました。墓地は荒れ放題でありまして、慰霊碑も朽ち果てて倒れていました。新しい日中友好協会に参加した多くの会員は、日本軍国主義が中国を侵略し多大な犠牲を与え、罪のない中国人を日本に強制連行し、この地で88名の尊い命を奪い、謝罪もせず長い間慰霊もしないまま今日まできたことに心からお詫びをし、慰霊碑を再建立し、慰霊祭を行うことから始めました。7月7日旭川日中友好協会は多くの方に呼びかけました。旭川市長、東川町長をはじめ、たくさんの方が慰霊祭に参加してくださり、盛大に行われました。この開催が出発点となり、毎年休むことなく、7月7日に慰霊祭を実施しております。

　続いて4年後の1972年（昭和47年）——これは日中国交回復した年ですが——旭川日中友好協会は中国人殉難烈士慰霊碑を石碑にして、環境の良い場所に設置することを決め、東川町と交渉しました。石碑を建立する実行委員会には25団体が入り、5名の元市長や衆議院議員に顧問になっていただきました。そして旭川名誉市民坂東幸太郎氏を代表に、旭川市の各界の皆さん、東川町の各界の皆さん、つまり農民団体や労働団体、商工団体などあらゆる団体を網羅して実行委員会を作りました。旭川日中友好協会が事務局として実行委員会を開催し、業者との折衝や連絡に当たり、財政の問題など非常に多くの問題を克服し、「中国人強制連行事件殉難烈士慰霊碑」は7月7日に完成しました。新しい石碑の前で、旭川市民や東川町民など多くの人々が集い、盛大な慰霊祭を開催することができました。

東川や旭川の水田地帯は、今年もそうですが非常に豊作であります。この水路を管理している東和土地改良区の理事長が、碑を管理する代表委員として、1972年（昭和47年）に石碑を建立してから今日まで祭主を務めております。そして旭川日中友好協会が事務局として責任をもち、催事の運営と財政の管理など遂行しております。旭川日中友好協会初代会長の松橋久保さん、2代目会長の相川松司さんはこの碑の建立と慰霊祭に全力を尽くしてくださいました。この歴史的、国際的事業の報告を今日、今ここに聞きまして、強制連行中国人殉難労働者の88名の方とともに喜んでいると思います。

北海道三笠日中友好協会副会長　谷津邦夫氏

　私どもは炭鉱の町でございまして、北海道炭礦汽船、住友鉱業という大手があり、それぞれ下請け企業も含めまして、884名の中国人炭鉱労働者の強制連行を進めてきたということであります。最後には殉職者3名、病死者23名、合計26名の方が亡くなられたというふうに聞いております。それぞれの地域にはお寺

慰霊碑の説明をする北海道三笠日中友好協会副会長の谷津邦夫氏

がございまして、3つのお寺でそれぞれ1人ひとりに戒名をつけて、今もなお供養を進めています。三笠市としては強制連行中国人殉難労働者の慰霊と供養のために慰霊碑の建立をしなけ

ればならないと、北海道炭礦汽船、住友鉱業それぞれの有志者を含め準備を進めました。それまではときどきお寺に出向いて慰霊をしていたようです。しかし当時の杉淵徳治市長が「中国人殉難者慰霊碑」を作ることを発議し、1966年（昭和41年）にその碑を設置することができました。

　1989年（平成元年）にすべての炭鉱が国のエネルギー政策の転換によりなくなってしまいました。その後、町の活性化のため四川省自貢市の恐竜と私どもの町から出ているアンモナイトを共通点として白亜紀の博覧会をしようということで、中国恐竜と三笠アンモナイト博覧会を開きました。そのことがきっかけとなり、1989年（平成元年）に日中友好協会を設立し、それからずっと慰霊碑を守り、毎年慰霊祭は欠かせなくなっております。三笠の一般市民として元炭鉱労働者も供養に出ていて、過去の話を色々と聞かされております。私どもは先の戦争によって大変不幸な事態、侵略した事実を、心からお詫びするとともに、その反省に立ってこれからも慰霊碑を守り、維持をしていく、このことは三笠市としても根において、産業の大事な部分だと考えているところであります。

　過日、慰霊碑建立50年という節目にあたり、正式に「中国人殉難者慰霊碑建立平和記念特別式典」を三笠市が主催して行いました。その前年には日本式で言う仏門の七十回忌供養もさせていただきました。これからも維持と管理、しっかりしていきたいと思います。

北海道栗山町社会福祉協議会、
栗山町中国人殉難者供養会実行委員会　吉田義人氏

　本来であれば町長が実行委員長ですから来たいということでしたが、町議会会議中ということもあり、よろしくということでございます。

　実は私ども、夕張市がすぐ隣にありまして、夕張市も栗山町も炭鉱地帯であり、当時の日本軍の石炭増量の労働者として、中国の方を大量に強制連行しました。夕張市と栗山町とで、全部で 1,407 名の方が働かれておりまして、お亡くなりになった方が 369 名でございます。栗山町に角田炭鉱という炭鉱があり、そこで 76 名の方が命を落とされております。それらを夕張と合わせて 1948 年（昭和 23 年）から慰霊祭を開催してきました。地域の皆さんで慰霊をしていたのですけども、1972 年（昭和 47 年）から中国人殉難者慰霊祭ということで行政、社会福祉協議会、各町の団体を含めて慰霊をしていこうということで今年まで 43 年間、慰霊祭を開催させていただいております。当初慰霊碑が粗末なものだったので、何とか新しくしようということで地域の方が立ち上がり、皆で募金をして 200 万円ぐらいのお金を集め、2007 年（平成 19 年）に強制連行中国人殉難労働者の新しい慰霊碑を建立いたしました。それをお参りさせていただいております。

慰霊碑の説明をする北海道栗山町社会福祉協議会、栗山町中国人殉難者供養会実行委員会の吉田義人氏

実は今日一番お話したいのは、私ども実際どういう現状だったかだんだん忘れていってしまうのですけども、実際に強制連行されました鳳儀萍さんというお医者様の方が過去3度栗山町に足を運ばれ、当時の状況を、マスコミを含めてお話をされました。町の広報でも町民に広く紹介させていただきました。そのときのお話を若干させていただきます。鳳さんは上海市内を歩いていて日本兵に捕まりました。1944年（昭和19年）8月、14歳だったそうです。そして気がついたら炭鉱にいたということでございます。その生活の様子も本当にひどく、食糧不足だったので、お腹がすいて草をむしって食べたそうです。大広間に60人が詰め込まれ、朝4時から夜10時まで働かされたというお話でございます。徹底的な暴力を受けながら、一般の労働者とは隔離され、いわゆる奴隷社会のような状態だったというお話です。中国の方は名前ではなく番号で呼ばれたということでございます。私どももこのお話を広く町民に伝え、いかに過酷な状況でお仕事されたのかということを想像させていただいております。慰霊碑を作るために地元のお寺さんの奥様が、当時、自分で見たということでお話をされております。先ほどの東川のお話にあったように北海道の冬は寒うございます。裸足で作業させられていた様子、毎日のように遺体が大八車でこちらに運ばれてきたというお話をされておりました。私どもも8月になりますと、こういう思いを後世にしっかりと伝えていくんだということで、慰霊祭を町民をあげて取り組むんだということで進めていきたいと考えております。

北海道中国人殉難者全道慰霊祭事務局長　鴫谷節夫氏

1966年(昭和41年)10月29日、北海道に強制連行されて亡くなった強制連行中国人殉難労働者を慰霊する日中不再戦友好碑を建立し、その周りに中国烈士園を造成し、この日に第1回の慰霊祭と不再戦友好碑の序幕を行いました。大谷瑩潤さんという偉いお坊さんがおいでになりまして、真宗大谷派を中心に小樽仏教会の約50名のお坊さん

慰霊碑の説明をする北海道中国人殉難者全道慰霊祭事務局長の鴫谷節夫氏

に集まっていただいて供養したわけでございます。郭沫若氏の「発展伝統友誼、反対侵略戦争」という文字も、碑の横面に彫り込んでおります。それから毎年欠かさず慰霊祭を行い、今年も6月28日に第50回の慰霊祭を行うことができました。

　慰霊祭の取り組みとしては3つの柱がございます。

　1つ目はこの全道慰霊祭を多くの人たちに宣伝して広げて、お参りする人を増やす。そしてこの日本軍国主義による中国への侵略戦争のようなことを、二度と日本政府にさせないという決意を固める場として発展させることです。今、賛同者は団体個人合わせて2,500を越え、130～160名のお参りをいただいております。また札幌総領事館をはじめ、中国の方々のお参りも多くなり、日中の力を合わせて供養しております。

　2つ目は中国人強制連行の実態を明らかにして資料を発行することです。北海道は全部で58の事業所があり、死んだ人が

いないのは1か所だけでございます。強制連行された数は延べにすると2万人を超えますが、実数で言うと1万6,282人、そのうち3,047人が死んでおります。とんでもないことだと思います。実態の2つ目には、室蘭市において5つの事業場の中で564名が死ぬという大惨事が起こっております。研究者の1人は「万人坑」と言っております。もう1つは皆さんよくご存じの劉連仁事件でございます。日本が負ける1週間か2週間前に脱走をするわけです。これは原因がいろいろ取沙汰されていましたが、劉連仁さんは裁判の中でそのきっかけを証言しております。いずれにしろ非常に不幸な事件ですが、奇跡的な幸運が重なり彼は生還することができました。隣にいる当別町から来た代表は慰霊碑を建立し、それを守るという仕事をやっておりますので続いて発言があるかと思います。この北海道での実態を4冊の資料集にまとめて出版しております。

　3つ目の柱は、強制連行された中国の方々との交流でございます。第1点は北海道で忘れてならないのは劉連仁さん、彼のふるさとに3回ツアーを組んで行きました。また今年の第50回を記念して、劉連仁さんの息子である劉煥新さんとお孫さんの劉利さんを招待しました。非常に喜んで来てくれてみんなと交流することができました。2つ目は天津の在日殉難烈士・労工紀念館との交流でございます。ここには送還された遺骨2,316体が納められておりまして、この天津の紀念館と私どもの慰霊祭実行委員会と関係ができまして、3回ツアーを組んでお参りをしております。

　こういう活動をしている実行委員会の事務局は日本中国友好協会北海道支部連合会という組織でございます。私どもは北海道全体の殉難者の名簿を作りました。この名簿を供えて慰霊祭をする、そして毎年お坊さんが5人おいでになり、ありがたい

お経を唱えていただき、全員で焼香するということを基本にしながら慰霊祭を行っております。

来年は新しい半世紀への第1歩と位置づけ、さらにこれから50年やっていくというふうに決意を固めております。

劉連仁生還記念碑を伝える会事務局長　大嶽秋夫氏

北海道当別町に建立された「劉連仁生還記念碑を伝える会」の事務局長を務めております。今日は前事務局長の今野一三六さんと2人で参加しています。劉連仁さんは1913年（大正2年）、中国山東省で生まれました。1944年（昭和19年）、日本軍にとらえられ、北海道空知管内沼田町にあった明治鉱業の昭和鉱業所へ強

記念碑について説明する劉連仁生還記念碑を伝える会事務局長の大嶽秋夫氏

制労働に送りこまれました。劉さんは1945年（昭和20年）7月、仲間4人と逃走いたしました。翌月8月15日終戦を迎えますが、それを知ることなく13年間北海道の山中を逃亡しており、食べるものもなく、厳寒の山中で雪穴を堀って暮らしました。「祖国に帰りたい。家族に会いたい」という思いが逃亡生活の支えでした。1958年（昭和33年）2月、当別町材木沢の商店主袴田清治さんがうさぎ猟に入った際、山林の尾根で発見されまして、同年4月、出国することができました。その後、発見者の袴田清治さんと保護に向かった木屋路喜一郎さんを中

心とする地元有志が劉さんに招待の手紙を送ったことがきっかけとなり、当別町に3回来町し、町民と交流を行いました。この取り組みの中で「劉連仁生還記念碑」の計画が生まれました。2000年（平成12年）9月2日の劉さんの訃報に鞭打たれるように、2001年（平成13年）から翌年にかけて計画が進み、町内外、千余名のご協力を得て、2002年（平成14年）9月1日、碑を序幕することができました。除幕式には長男劉煥新さん、発見者の袴田さん、木屋路さん、当別町長をはじめ、多数の方々が参加しました。生還記念碑の完成を受け、碑の建立実行委員会――委員長は三上勝夫道教育大教授（当時）ですが――メンバー15人が集まり、強制連行などの歴史を語り継いでいくため、「劉連仁記念碑を伝える会」を発足して現在に至っております。「伝える会」は碑を訪れる方々に、日程さえ合えば説明し、年2回の碑の清掃や他団体との交流を行っております。

NPO花岡平和記念会副理事長　谷地田恒夫氏

慰霊碑の説明をするNPO花岡平和記念会副理事長の谷地田恒夫氏

秋田県の花岡事件のあった場所から来ました。1945年（昭和20年）の6月30日、あまりにもひどい扱いに耐えかねて一斉蜂起したというのが花岡事件です。それと前後して419名が亡くなっていますが、犠牲になった方々の遺骨を戦後に発掘して送った事業の中で慰霊碑ができております。当時の花矢町長、

付録 2　座談会議事録

山本常松さんと信正寺のお坊さん、彼らが遺骨を慰霊してくれまして、山本さんが私費で最初に慰霊祭を行いました。そして遺骨送還の後に、このままではだめだということで、山本常松町長が、当時の中国人強制連行の元となった花岡鉱山の藤田組と下請けをやっていた鹿島組に対して慰霊碑を作るから資金を拠出いただきたいということで、2つの企業と花矢町の三者がお金を出し合って、1963年（昭和38年）に慰霊碑を建てております。この慰霊碑を立てる際には当時の花矢町は鉱山の城下町でして、鉱山出身の町議会議員がほとんど過半数を占めていました。その方々が「花岡事件」に関する慰霊碑を建てるのはいかがなものかということで大変反対したそうですが、山本町長はこの碑を建てるといずれ中国から大勢の方々が慰霊に来るということで、大変強硬に議会を説得して慰霊碑を建ててくれました。そしてその慰霊碑の前で花矢町が細々とですが、慰霊祭を続けてきました。その間いろいろ運動がありました。遺骨送還運動や一鍬運動など、それは隣に座っております碑をまもる会の富樫さんに譲りますので、それ以降のことをお話したいと思います。

　1987年（昭和62年）に花岡事件の隊長であった耿諄さんをお迎えして大館市で盛大に慰霊祭を行いました。それ以降、大館では毎年のように中国から生存者遺族をお招きしていますが、大館市ではなく、市民グループがお招きしております。市はお金を出すのは慰霊祭で花を飾るぐらいしかお金を出してくれませんので、よその場所とは若干違いますが、それ以降ずっと毎年やっております。その慰霊祭には、中国から生存者遺族の方々が毎年いらっしゃいますので、その方々の運動とも寄り添うような形で私どもは一緒に行動して参りました。鹿島との交渉も支援しながら、彼らと寄り添うような運動をしてきてお

259

ります。その運動は今日まで、第7次にわたる市民訪中団という形で、中国を訪問しながら、生存者遺族と中国現地で交流する活動もしてきました。それと合わせて花岡事件、135か所の中国人強制連行を象徴する花岡事件ですから、そのことを次の世代に伝えようということで、5年前に市民の力と日本各地におられる支援者の方々の力でもって、地方政府の支援なしに、本当に市民の力で花岡記念館を建設いたしました。その際は程永華大使に揮毫していただき「花岡平和記念館」という文字も書いていただきました。大変ありがとうございました。そして記念館オープンのテープカットにも来ていただきました。大変ありがたいと思っております。記念館はこれから強制連行を伝えていく場所として、一所懸命がんばっていきたい。最近は来館者は少ないですが、地元の小学生や中学生が毎年来てくれて学習しております。次の世代に伝えていく役割をきちんとやっております。慰霊祭と同時にそういう活動もしていることをご報告いたします。

花岡の地・日中不再戦友好碑をまもる会事務局長
富樫康雄氏

今、隣の谷地田さんのお話にありましたが、花岡事件に関わる石碑は5基あります。早い順番から言いますと、1つは「七ツ館弔魂碑」、日本人労働者、朝鮮人労働者11名ずつ、22名が生き埋めになった七ツ館坑道大崩落に伴う事件、これが花岡事件の遠因、引き金になったとも言われております。1947年（昭和22年）5月に同和鉱業の手で建てられました。1968年（昭和43年）、同和鉱業で露天掘りをやるというので移設しております。

そのとき若干石碑の手入れをいたしております。2つ目は「中国人殉難者供養塔」、これは鹿島組が4年間要求され続けてもなかなか手をつけようとしなかったのですが、1949年（昭和24年）「華人死没者追善供養塔」という名前で作られました。これは2001年（平成13年）に改築しましたが、その際「中国人殉難者供養塔」と

慰霊碑の説明をする花岡の地・日中不再戦友好碑をまもる会事務局長の富樫康雄氏

改めました。3つ目は今、谷地田さんが言われた「中国殉難烈士慰霊之碑」です。これは省略します。4つ目は1966年（昭和41年）5月に序幕した「日中不再戦友好碑」です。これはまったく私たちの手で、3,300人ほどのカンパが寄せられて建立した碑です。全国的にも早かったのではないかと思っております。5つ目が6月30日、一斉蜂起した後、捕らえられた中国人が2人ずつ手足を縛られて3日間放置され、そのとき虐待と拷問にあった「共楽館址碑」ですね。この跡碑は1978年（昭和53年）に、私たちは歴史資料館、記念館として保存してもらいたいという運動をしたのですが、早朝5時からという異常な解体工事でなくなりました。その後に碑を建立したわけですが、これが1980年（昭和55年）6月のことです。今フィールドワークを年間12、3回行い、私たちが案内していますが、一回りするのに2時間半から3時間かかります。その際、清掃はもちろん、傷みがないか点検をしているわけですが、いずれ石造物ですから永久に大丈夫ということはありません。現に「日中不再戦友好碑」も日本

261

海中部地震のときに少しぐらついた跡があり、台座にヒビが入っています。それを近くの石屋さんにお願いして補修してもらうということをしながら進めております。

　私たちは、1951年（昭和26年）から毎年慰霊祭を行いながら戦後40、50、60、今年70周年に記録集、記念誌を発行してきました。そのほかにフィールドワークのガイドブックとして『フィールドワーク花岡事件』（東京平和文化社）を作り、中高生から大人までの案内に役立てています。

山形県酒田港中国人強制連行を考える会事務局長
　　　　　　　　　　　　　　　　　　高橋幸喜氏

慰霊祭の説明をする、山形県酒田港中国人強制連行を考える会事務局長の高橋幸喜氏

　私たちが、山形県酒田港における強制連行事件の史実を知ったのは、戦後50年、1995年（平成7年）でした。1997年（平成9年）に東京の華僑総会から名簿が手に入りまして、以来、被害者や関係者を訪ね調査を進め、2000年（平成12年）に「酒田港中国人強制連行を考える会」を結成し、10回以上中国の農村を回って被害者を訪ねて、写真展示会などを通じてこの残虐な戦争犯罪を県民に知っていただくための活動をしてきました。

　第1回の殉難者慰霊祭は1998年（平成10年）に開催され、今年11月1日には17回目を迎えます。慰霊祭は、敗戦時、強

制連行中国人殉難労働者の慰霊に関わった酒田市の海晏寺住職のご理解の下に、毎年挙行されています。

　慰霊碑については建立の方針を掲げていますが、まだ実現しておりません。強制連行中国人殉難労働者への深い慰霊と、2度と過ちを犯さず、永久の日中友好と平和の誓いを後世に伝える碑として、是非実現したいと思います。

　この8月、明治以来の人権と平和の闘いを伝える冊子『平和と人権　やまがたガイド』が発行されましたが、昨年暮れ完成した「平和の碑・中国残留帰国者墓苑」とともに、酒田港中国人強制連行事件が紹介されています。

　私たちは、県民に依拠して和解を実現し、日中関係の未来を開くため努力を強めたいと思います。

岩手県釜石市日中友好協会事務局長　柳一成氏

　釜石市中国人殉難者慰霊碑は「日中永遠和平の像」と申しまして、この像は日中国交正常化が実現した1972年（昭和47年）の翌年、1973年（昭和48年）7月に有志によって設立されました。釜石市は古くから製鉄業が盛んで、昭和になりましてからも民間企業による鉄鉱石の採掘が行われました。その結果として第二次世界大戦の末期には国内での労働力が不足したこともあり、

慰霊碑の説明をする岩手県釜石市日中友好協会事務局長の柳一成氏

それを補うため中国本土から多くの中国人の方が強制連行され、釜石鉱山において288名の方が連行されてきております。そこで強制的な労働を強いられ、過酷な労働条件、食糧不足などにより、病に倒れられ124名の中国の方々が尊い命を失ったと、慰霊碑に記載されてございます。

　「日中永遠和平の像」はこうした強制連行中国人殉難労働者の御霊を慰めるとともに、日本と中国の永遠の平和を祈念し、岩手県民の総意によって建立されたものであります。1984年（昭和59年）には釜石市において日中友好協会が設置され、当協会が中心となって、2001年（平成13年）から2011年（平成23年）の震災前までは隔年で慰霊祭を実施し、開催に務めて参りました。震災以降は地元の協会員が中心となってご供養を行って参りました。戦後70年となる今年は10月17日に釜石市ならびに釜石市日中友好協会の共催により、中国人殉難者慰霊祭を開催することといたしております。

　中国ならびに日本両国の相互理解を推し進め、今後長きにわたり両国の平和な関係を築いていくことを祈念いたしまして、釜石市からのご説明とさせていただきます。

福島県中国人殉難烈士慰霊碑保存会会長代行、副会長　渡部英一氏

　福島県では会津地方、沼ノ倉と宮下という発電所のダムの建設工事に約1,000名が従事させられ、25名の強制連行中国人殉難労働者が発生しました。人道、平和、友好の精神に立脚し、この異郷に眠る強制連行中国人殉難労働者25名を弔い、再び悲惨な戦争を起こさぬよう平和の願いを込めて、1970年（昭和45年）に「中国人殉難烈士慰霊碑」が建立されました。建立され

た場所は会津磐梯山のふもとであります。以来45年間、毎年慰霊祭を行い、県内の日中友好、日中不再戦の象徴としてきました。この碑は黙して語りませんが、日中両国民の永遠の友好と世界の幸福と平和を願って私たちに呼びかけています。慰霊碑は、福島県日中友好協会と地元が中心になって保存してきましたが、

慰霊碑の説明をする福島県中国人殉難烈士慰霊碑保存会会長代行、副会長の渡部英一氏

高齢化に伴い、慰霊碑がある地元猪苗代町民を中心に、新しく保存会が10年前に発足し、5周年には記念誌などを発行して参りました。今年7月に10周年記念式典を行いました。また新潟総領事館何平さんもご出席され、盛会に終えることができました。この碑を、歳月の経過とともに歴史的事実が歪曲されたり風化したりしないよう、子々孫々に語り継ぎ、日本と中国の友好を心より願い、今後も保存活動を続けて参りたいと思います。

石川県七尾日中友好協会顧問　松田清良氏

　七尾市は能登半島の中ほどにある港です。ちょうど終戦前、1944年（昭和19年）11月ですが、七尾市へ399名の中国人が強制連行されました。当時、七尾が港であり、荷役作業を当時の「七尾海陸運送」という会社がやっておりましたので、その仕事を中国人連行者が行いました。全国と同じだと思いますが、当時の労働条件、労働環境はまさに人間的な扱いはしていなかったと思い

慰霊碑の説明をする石川県七尾日中友好協会顧問の松田清良氏

ます。その証拠に1年の間に15名の尊い命が亡くなっております。さらに、栄養失調その他の関係で64名の失明者も出ております。そして当時の人たちのことを調べますと、日本人も戦争中ですから苦しい生活状況にありましたけれども、強制連行された中国人たちの生活は本当に人間的な扱いをされてこなかったと思います。詳しいことは時間の関係で申し上げませんが、やはり中国と日本の友好関係というものはこれからも子々孫々まで続けていかなければならないという意味で、日中友好協会が中心になって、当時の市長に働きかけ、行政と共同で「一衣帯水」という碑を建てました。当時の中国代表団の人の字で一衣帯水という碑を建てております。私は大正生まれ、2015年（平成27年）の今は数え年で92歳です。見たところ私と同じ年齢の人はいないと思います。この運動はやはりこれからも続けていかなければならないと思います。七尾市連行者の扱いについて概略だけを報告したいと思います。

　連行者が中国に帰ったのは1945年（昭和20年）の11月ですから、終戦の年の11月です。そのとき犠牲になられた人たちの遺骨を一緒に持って帰りました。1977年（昭和52年）、当時大乗寺というお寺さんの住職さんは大変日中関係に理解のある方で、碑を建てるまで何回かお悔やみもしていただきました。これからも天国の皆様方とともに日中平和のために頑張っていきたいと考えております。

富山県高岡市日中友好協会副会長　太田一男氏

慰霊碑の説明をする富山県高岡市日中友好協会副会長の太田一男氏

　碑が建っているのは高岡市の伏木港というところです。七尾港と同じように港湾荷役でたくさんの中国人が連行され、犠牲になられた方のための慰霊と今後の日中友好を願って、碑を建立したのです。伏木港というのは戦争末期に分港のようになっており、そのために強制連行された中国人の方の数も、犠牲になられた方の詳細も、ほとんど記録が残っていませんでした。戦争中に勤労動員で港で労働していた若い学生などが、中国人がそこで港湾荷役をしていたぞという話を聞いて知っておりまして、犠牲になられた方もいるのでなんとか日中友好のために慰霊碑を建てることができないかということが懸案事項になっていました。しかし実態がなかなかつかめませんでした。1973年（昭和48年）に地元の郷土史家が作られた『伏木港史』という冊子の中で、全体の像が見えてきたのですが、伏木港の方がはっきり記録として残っていないということで、私どももついうまく根拠がつかめないままにしていたところ、七尾港の方から記録が出てきました。当時国際貿易促進会の北陸支局におられた野村さんという方を通じて、17名の方が亡くなっていることが分かり、その17名のお名前を刻んだ碑を建てようということになりました。ちょうど私が、日中平和友好条約が結ばれた次の年に高岡市の市議会議員になりまして、そ

のとき高岡市長にこういうことが事実として分かってきたと、なんとか港の方に慰霊碑を建てたいともちかけましたところ、すぐに賛同していただきました。しかも会議の中に県議会議員の方もおりまして、富山県の方にも働きかけて、建立のための名誉会長に当時の県知事、建立委員会の会長に高岡市長の堀健治さんがなられて、全県的に経済団体や農業団体、労働団体、すべての組織を網羅し、伏木の港に建立することができました。それは県が管理している港湾用地の中に建てましたので、今でも私どもは毎年そこで慰霊祭と献花祭を行い、5年ごとには各界の人に声をおかけして献花祭を行っております。

長野県日中友好協会理事長　西堀正司氏

慰霊碑の説明をする長野県日中友好協会理事長の西堀正司氏

　今年はちょうど戦後70周年であります。1931年（昭和6年）9月18日、84年前の今日は――私が子供のころは満州事変と教わった記憶がありますが――九・一八事件であります。この84年間にどういうことになってしまったかというと、1937年（昭和12年）7月7日には日中全面戦争になり、日中両国は本当に想像もできないような厳しい戦争を経過し、1945年（昭和20年）に日本の敗戦という形で終わったわけです。その最終段階の1944年（昭和19年）に長野県の木曽谷に、河北省出身者を

付録2　座談会議事録

中心とした中国人 2,014 名が強制連行され、発電所の建設工事に従事させられました。昨年、木曽御嶽山が大爆発しましたが、そこにダムを作ったわけです。そのダムに中国人 2,014 名が連れてこられ、182 名が亡くなったということです。

　1983 年（昭和 58 年）に日中平和友好条約締結 5 周年を記念して、ぜひこの地に慰霊碑を建てようという希望を持った人が集まりました。それは当時、終戦の直前ですが、勤労動員という形で日本の 10 代、今で言う高校生——ほとんど中学生ですね——が動員され、強制連行された中国の人たちと一緒にダム建設に当たったという経過があります。彼らはその思いをいつまでも持っており、片言の中国語ができる人もいました。そこで彼らに、また関係諸団体、さまざまな人々に呼びかけてこの慰霊祭の実行委員会を結成しました。1983 年（昭和 58 年）11 月に建立されたのですが、嬉しいことに私は直接、北京の趙樸初先生のところへお邪魔することができました。先生は奥さんと一緒に会ってくださり、最初に私がこの説明をしましたら精進料理をごちそうしてくださいました。そしてあなたたちのやっていることは素晴らしいとだいぶ褒めてくださいまして、揮毫を先生にお願いしたところ、翌日もう書いてくださったのです。趙樸初先生は当時中国仏教協会会長であり、また中国書道協会会長で、中国で一番字がうまい方で、中国のお寺にはみな趙樸初先生の字が正面にあります。そういう先生が 1 日で書いてくださいました。持ってきてすぐ碑を作ったわけですが、その除幕式には善光寺の大僧正をはじめ長野県仏教会の会長、長野県知事、県会議員が出席されました。そして慰霊祭は 5 年に 1 回ずつ盛大なものを行っています。それ以外のことは地元の老人会が、草刈りとか小さな慰霊祭はやりますが、大規模な

ものは5年に1回ずつ行います。1983年（昭和58年）をはじめに1988年（昭和63年）、1993年（平成5年）、1998年（平成10年）と節目の5年ごとにしております。

　慰霊祭には、地元の町村会や碑をとりまく町や村すべて加盟しており、お金を拠出し費用を出しております。私も不満はあるのですけれども、「日本が国内の労働力不足を補うために中国から連れてきた」と言っている人がいるのですね。慰霊碑にも書いてあるのですが、当時長野県からは「開拓民」という形で3万人中国に送っており、軍人もたくさん送っています。その結果日本では労働力不足という、その説明がなければ「労働力不足で強制連行してきた」では成り立たないのですが、これは皆の意見でしたことですから厳しくやったわけではないのです。老人クラブにより行き届いた清掃と管理が行われ、平和友好のシンボルになっております。4,000年間1回も爆発しなかった御嶽山が1980年代、碑を作った直後に初めて大爆発したのですが、何かの因縁ではないかと思っております。昨年また大爆発して大勢の方が亡くなりましたが、ここは紅葉がきれいで春夏秋冬とてもよい場所ですので、ぜひ皆さんには観光に来ていただきたい、そしてこの碑にお参りしていただければありがたいと思います。

長野県飯田日中友好協会理事長　小林勝人氏

　長野県には大きな谷がいくつかありますが、木曽川の流域が木曽谷です。その真ん中に中央アルプスという山並みがあり、その南側に天竜川が流れております。そこが伊那谷というまた1つの谷になっております。その伊那谷の一番南の端、そこは

静岡県と愛知県の境目になりますが、かつての平岡村（現在は天龍村）にダムの建設をするということで、中国から大勢の方々を強制連行してきたということであります。詳しくは『中国強制連行事件の歴史を考える』という冊子を作っておりますので、ご覧になっていただければと思いますが、その中から1、2点、ご

慰霊碑の説明をする長野県飯田日中友好協会理事長の小林勝人氏

紹介したいと思います。特に木曽川もそうですが、天竜川には河北省から強制連行されてきた皆様を使役に使った歴史があるわけです。年表を見ていただくと分かりますが、私どもはずっと1963年（昭和38年）までさまざまな遺骨を何とか集めたい、そして中国にお返ししたいという運動を起こしていたわけです。ようやく1964年（昭和39年）に遺骨をお返しすることができ、その直前に慰霊祭を行っております。慰霊祭のときには前年の正月からカンパを始め、1戸1戸伊那谷の皆さんのお家から集めたお金で慰霊碑を建てたものであります。慰霊碑は紅十字会の李徳全先生の揮毫によるものであります。

　長野県は満州へ「開拓」という名をもって、実際は侵略のため、大勢の人を農民として送ったわけで、それが長野県の中でも一番多いのが伊那谷です。伊那谷は当時、村が45個あり、現在は合併して14です。何とかして私たちの満蒙開拓の侵略した歴史を残さなければならないということで、満蒙開拓平和記念館というのを、8年かかって2013年（平成25年）に発足させ

ました。ここが平和運動の1つの拠点になっており、記念館を訪れる方々に強制連行中国人殉難労働者の歴史も知っていただこうと思い、冊子も作っております。こちらも見ていただき強制連行中国人殉難労働者の歴史を知り、考えていただこうという形で作っています。平岡のダム建設では中国河北省の方以外に朝鮮の皆さん約2,000人、中国からは884人、連合軍の捕虜250名ほどを使いました。連合軍の方は戦後裁判をやり、6人が絞首刑になっております。そんなこともあって地元である天龍村は、連合軍のいわゆる捕虜の皆さんの慰霊、朝鮮の皆さんの慰霊、強制連行中国人殉難労働者の皆さんの慰霊と、非常に重い歴史を持っておりまして、村長さんをキャップにして強制連行中国人殉難労働者の慰霊活動を行っております。5年に1度は大きな慰霊祭を行っております。特筆すべきことは1993年（平成5年）9月に飯田日中友好協会が呼びかけまして、天龍村の村長さん議長さんに行っていただいて、河北省の強制連行中国人殉難労働者の生存者を訪ねて4名の方に会いに行って参りました。河北省の石家荘市で4名の方から証言をいただいたり、お話を伺ったりして、どうしても皆さんに来ていただきたいということで、戦後50年になる1995年（平成7年）に4名の方、家族の方含めて平岡ダムまで来ていただき、その方々と一緒に慰霊祭をやり、東京も見学してお帰りいただくという事業を行いました。

相模湖・ダムの歴史を記録する会代表　橋本登志子氏

　私が「相模湖・ダムの歴史を記録する会」を始めたきっかけは1975年（昭和50年）に「神奈川県青年の船」で訪中した

ことです。県内の 450 名ぐらいの青年で、私は地域（相模湖）から 2 名の割り当ての 1 人に選ばれました。私自身それまで日本の中国侵略の歴史は本を通して学んだ程度でした。訪中し通訳を介して、行く先々で中国人に「日本の侵略の歴史についてどう思いますか」と問いました。私は侵略当時には生を受けていませ

湖銘碑の説明をする相模湖・ダムの歴史を記録する会代表の橋本登志子氏

んので、直接の加害者ではありませんが、中国の方々が異口同音に「あなたたち日本人も被害者だったのです。あれは一部の帝国主義、軍国主義者たちが行った行為でした」と言われ、もやもやした疑問をいだいて帰国しました。翌 1976 年（昭和 51 年）1 月、また中国に行く機会に恵まれました。ちょうどその時期は、中国の周恩来首相が逝去されたのと重なった訪中でした。長沙の人民公社に到着したとき、乗っていた小型バスを大勢の人々が取り囲み、その中に片目が潰れた老人が私たち日本人を見て激しい怒りをぶつけてきました。何を言っているのかは分かりませんでしたが、怒りを肌で感じ取りました。それが原体験となり、帰国後それまでに訪中経験のある人々を中心に「ダムの歴史を記録する会」を発足させました。私の生まれ育った相模湖でダム建設時に中国人の方々が犠牲になっていたことは父から聞いてはいましたが、それまでは何も行動はしていません。しかしあの長沙の片目の老人に対して私のできることは、この足下である相模湖で負の歴史を調べることだと思ったから

です。私たちが証言を取ったのは当時ダム建設に従事していた日本人からでした。日本人からの証言を元に中間報告書を作成し、それまで神奈川県がダム建設の歴史に中国人、韓国人、朝鮮人たちの犠牲に対して一度も追悼を行っていなかったので、1979年（昭和54年）に第1回の追悼会を実行委員会形式で行政とともに行いました。

　中国人は1944年（昭和19年）4月21日に相模湖（当時は与瀬）に連行されてきました。到着時は287名で、翌1945年（昭和20年）7月13日長野の松本に移動するまでに28名の方々が殉難されました。劣悪な労働条件で食事も満足に与えられず、病気や事故により命を絶たれた状況は、ここに集まった方々がこれまで話されたお話と変わりません。私たちが日本人からの証言を取り、神奈川県相模湖町（現在は合併して相模原市）に、県史や町史にダム建設の歴史を載せるよう要請し、また相模湖を訪れる人がダム建設の歴史を知ることができるように碑を建立することも合わせて要請しました。現在県立相模湖公園内の、湖を望む所にある湖銘碑は2つ目の碑です。1つ目の碑は第1回追悼会と一緒に碑の除幕式が行われましたが、碑文について歴史的な表現が記されていない文でした。それで神奈川県に歴史の事実を記した碑文に変えるよう、追悼会を続けながら訴え続けていきました。それで第15回追悼会の1993年（平成5年）10月に新たに神奈川県知事、長洲一二氏の名の下に湖名碑が建立されました。「——工事には戦争下の労働不足のもとで、日本各地から集められた労働者、勤労学徒のみならず、捕虜として連れてこられた中国人、当時植民地であった朝鮮半島から国の方策によって連れてこられた方々など——」。残念ながら長洲革新県政でもこちらが求めていた強制連行、強制労働の8文字は入らない碑

文で、全面的に満足はしていませんが、県の加害について書き記したことには意味があったと思っています。3民族が母国語で読めるようにと、日本語、ハングル、中国語で記され、判明している犠牲者全員の名前も刻まれました。形も旧碑の平たい碑形と異なり、地球を形どった一見オブジェ風で人目を引きます。

　追悼会も今年で37回目ですが、この写真は35回目の追悼会の様子です。追悼会には毎年地元の小中学生が参加しています。子供たちがステージで合唱したりして会場を和ませてくれます。子供たちが出ることでご両親やおじいちゃんおばあちゃんも見に来ます。出演してもらう前には小中学生にも分かるようにダム建設史を学んでもらっています。今ここに長野の方が2グループ見えていますが、長野の松本で活動されている近藤泉さんたちと1995、96、97年（平成7、8、9年）に訪中して中国人の証言を取ることができました。その中で1996年（平成8年）11月には元強制連行者であった于宗起さんを迎えることができました。彼の「死ぬ前にもう一度ダムが見たい、当時のことを日本の若い人に話したい」との願いに応じて訪日を実現しました。

　今年は戦後70年ということを踏まえ、若い世代にどういう形で継承して行くか、考える契機にしてもらう試みで、5年前から都内の大学で相模ダム建設史にまつわる事柄を講義させてもらっています。講義後に感想をレポートで提出してもらい、学生の思考をとらえるまではゆきませんが、「知らなかった」「初めてだった」という言葉は散見されます。明治学院大学の張宏波先生、石田隆至先生が追悼会に参加され、「花岡鉱山と相模湖・ダム」を訪れて、「9条連ニュース」で紹介された文章の中で「……準備も参加者も大部分が地元の住民で、300名以上が集まった。小中学生やその家族、20～30代の青年たちを巻き込んで幅広

い世代の参加者が見られるのは、強制連行犠牲者の追悼行事としては珍しいように思う……朝鮮半島の打楽器演奏や小学生による合唱や朗読なども盛り込まれ……『負の歴史』に自然な形で触れるようになっている……」と記されていました。

日中友好協会群馬県連合会会長　松永守男氏

日中友好協会群馬県連合会会長
松永守男氏

　1953年（昭和28年）第1回慰霊祭が行われました。群馬県庁の前に群馬会館がありますが、そこで700人を超える方々が集まり追悼集会が開かれました。その3か月後に遺骨を中国へ送還しました。これを第1回と数え、翌年から毎年欠かさず慰霊行事が続き、春は太田のお寺、秋は水上町のお寺で、2回開催を1回と数えてずっと続いております。今年10月4日水上町のお寺で開催されますが、第63回、丸62年になるわけですね。おそらく第1回のときは「こんなにひどいことが行われていたのか」と群馬県中の人が驚いて、これは痛ましいことだと思ってこれだけ集まったのだと思います。太田市のお寺では遺骨を保管していただいておりました。当時、中島飛行機、スバルと言うとお分かりいただけると思いますが、そこの地下工場を会場にして春の追悼集会が行われました。地下工場というのは、爆撃が激しくなったので、山の中にトンネルを作って工場にするということでしたが、敗戦のため未

完成のまま終わったものです。秋は水上町(合併前は月夜野町)で、こちらは山の中に隧道工事、要するに水力発電所の水を引くトンネル工事に従事させられた方がいます。2か所の慰霊をずっとこのように継続しているのは、全国的にもめったにないと思いますが、続けております。

　ただ問題は、この慰霊の行事や裁判をやって参りましたが、先輩方がすべて切り開いたものなのですね。1953年（昭和28年）、私は12歳ですからそんなことは全然知りませんでした。これは大事なことだな、次の世代にきちんと事実を残すべきだなと考えて、20歳のころから50年間、この運動に関わっていますが、次の世代に引き継ぐことが私の願いです。なんとかこの問題を続けていく必要があると思っております。

静岡県西伊豆町役場総務課総務係長　大谷きよみ氏

　「慰霊の集い」は西伊豆町内にある白川地区の白川町内会が毎年行っていますが、西伊豆町役場で事務局としてそのお手伝いを毎年させていただいております。太平洋戦争末期に、178人の中国人労働者の方々が西伊豆町白川地区に強制連行され、明礬石(みょうばんせき)の採掘をされていたそうです。その中の82名の方が不幸にも白

慰霊碑の説明をする静岡県西伊豆町役場総務課総務係長の大谷きよみ氏

川の山中で亡くなられました。犠牲になられた方々の霊を慰めるとともに、戦争への反省と日中の友好の誓いを固めるために、1976年（昭和51年）7月に慰霊碑を建立しましょうという実行委員会の尽力により、ゆかりの深い西伊豆町白川の山中に慰霊碑が建立されました。白川地区というところは西伊豆町の中心から仁科川をさかのぼって10キロ、人口が58人30世帯しかない小さな集落なのですが、そのはずれの山中をさらに2キロほど登っていくと、清流の流れる川沿いに少し開けた場所があります。営林署所有の広場なのですが、そこに慰霊碑を建立させていただきました。ほかのところの慰霊碑を存じ上げないのですが、西伊豆町の慰霊碑は1.6メートルの台座の上に高さ2メートルの人間の形をした像があります。その後ろに6メートルぐらいの高さの「鎮魂」と書いた慰霊碑があります。肩にロープをかついでツルハシを手にした中国人労働者の方が、西伊豆の海に沈む夕日を眺めながら、故郷の家族に思いをはせている姿で、西伊豆の彫刻家である堤達男先生によって制作されました。今年は7月12日に第40回の「慰霊の集い」を開催しました。町内外から毎年100人ほど参列していただくのですが、慰霊の読経後、参列者の皆様によりご焼香をいただきます。「慰霊の集い」は皆様からいただくお志により賄われていますが、毎年7月の第1日曜日に開催しておりますので、お時間がありましたらお立ち寄りください。

静岡県浜松市日中友好協会会長　氏原章博氏

今年8月30日に第50回の峰之沢慰霊祭を開催しました。そのときには近隣の日中友好協会の皆様がご参加くださいまし

た。1945年（昭和20年）に何も関係ない生活を営んでいた中国の方々が強制連行されました。197名の方が連行されたのですが、過酷な労働と栄養失調からくる病気で、81名の方が亡くなられました。故郷を離れて色々な思いがあったのでありましょうが、この気持ちを考えますと、大変残念で痛恨の至りでなりま

慰霊碑の説明をする静岡県浜松市日中友好協会会長の氏原章博氏

せん。1953年（昭和28年）、81柱の遺骨を探し当てました。協会の先輩をはじめ、多数の方が尽力されました。最初の慰霊祭は1953年（昭和28年）に行われ、今年で50回目になりますが、今の慰霊碑は、当時、皆様方の浄財を仰いでできあがったわけであります。この活動を後世に伝えるために日中友好協会浜松支部も頑張って、このことがいかに大切な慰霊祭であるかを後輩たちに伝えていきたいと思います。

静岡県富士市日中友好協会会長　渡辺敏昭氏

　私のところの慰霊碑建設経過を少し申し上げます。1943年（昭和18年）12月に突然、当時の陸軍が富士市の西側にある富士川沿いに飛行場を建設するという話が持ち上がりました。当時230戸余りあった世帯を5か月ぐらいで強制移転させ、その跡に作ると決定されて、翌1944年（昭和19年）6月からこの建設が始まりました。この建設に携わった勤労奉仕隊とか朝

慰霊碑の説明をする静岡県富士市日中友好協会会長の渡辺敏昭氏

鮮人労働者の中に、「一部の捕虜」と書かれていますが、これが中国から強制連行された504名です。10月から翌1945年（昭和20年）7月まで働かされております。劣悪な環境は多くのところと同じでありまして、突貫工事だったものですから52名の方々が犠牲となられました。そこから数百メートル東側の田子浦港に共同墓地があります。当時からありまして、この犠牲となられた方々がその片隅にまとめて埋葬されていたようでございます。その工事を請け負ったのが熊谷組でありまして、敗戦後ほとんどまだその事実が知られていない1948年（昭和23年）7月に、熊谷組は慰霊碑を建てました。この慰霊碑の名前が「中華民国人興亜建設隊故歿者之碑」、高さ3メートル40センチの石造りです。その慰霊碑の名前を巡って1985年（昭和60年）頃、歴史の事実に反して不適切だという声があがりました。改削すべきだという声と、もう一方で後世に残るものを勝手に変えてはだめだよということで5、6年議論しました。この議論が1989年（平成元年）に決着したのは、歴史だから碑はそのままにしよう、そのかわり副碑を作ろうということで、1990年（平成2年）に「中国人殉難者慰霊碑」を作り、正しい内容を刻んで今に至ります。これもいろいろありましたが、熊谷組に費用の負担を要請して建立しました。

　1953年（昭和28年）ごろから全国各地で遺骨送還というこ

とが行われ、富士市でも同じように取り組みました。富士市は
たまたま1か所に埋葬されていたものですから、1954年（昭
和29年）5月17日に当時の留日華僑会会長と実行委員会が立
ち会って中丸地区と、その隣の地区20名の方の奉仕によって
収集をしてきました。そういう流れがあるものですから、慰霊
祭は私ども日中友好協会と地元の中丸浜区というところの主催
で行っています。1954年（昭和29年）に発掘して、福泉寺と
いうお寺で最初の慰霊祭が開催されています。以来、毎年7月
7日、1937年（昭和12年）7月7日の盧溝橋事件にちなんで
ずっと開催してきました。1978年（昭和53年）には盛大な法
要が開かれています。副碑ができた翌年、1991年（平成3年）
からは毎年7月第1日曜日に開催してきて、現在に至っており
ます。今年は7月5日に開催しました。中丸浜区と富士市日中
友好協会だけで国会議員、県会議員に毎年招待状を出しながら、
手弁当で開催しております。特に気を使っているのは毎年小学
生、中学生の出席をお願いして、なるべく大勢の方に出席をし
ていただいていることです。地元の人たちにも、子供たちが生
まれ育ったところに生きた歴史があるんだよとお話しして、小
学生の出席を大切にしてきました。日頃の管理は地元の方々に
お願いをしております。今の課題は、子供たちの数全体が減っ
てきていることから、参加する子供の数も減っていることです。
地元の方も私たちも、中心になっている方々が高齢化している
ことが今後の課題で、特に役員は、なるべく新しい方に代わっ
ていかなければいけないなと実感しております。

愛知・大府飛行場中国人強制連行被害者を支援する会代表
石川勇吉氏

支援活動について話す愛知・大府飛行場中国人強制連行被害者を支援する会代表の石川勇吉氏

　最初に、資料に「愛知県東海市」と書かれていますが、東海市は戦後市町村が合併して新しく作られた名前です。私たちの扱っている事件は当時「大府飛行場」という名称で、現在の東海市と大府市にまたがる地域で建設を予定されていた飛行場です。東海市と大府という名称にはそういう関係があることをご承知ください。もう1つ、これまでのご発言と私たちの取り組みの違うところは、名簿に碑があるかのように書かれていますが、まだ碑は建っておりません。私たちは碑の建設と同時に謝罪と補償を求めるということで取り組んでおります。スタートしたのは皆様方と比べ大変遅く2009年（平成21年）にスタートして現在に至っています。

　私たちが扱っている事件の概要を最初に説明させていただきます。1944年（昭和19年）11月、地崎組によって、480名の中国人の方々が北海道から強制連行され、三菱重工業名古屋航空機製作所知多工場が行う飛行場建設に従事させられました。480名のうち5名の方が亡くなっております。1945年（昭和20年）6月30日には北海道赤平に移されて、同年10月20日に室蘭港から帰国されました。もちろん賃金などの支払いを受

けることはありませんでした。5人の強制連行中国人殉難労働者の遺骨が東海市にある玄猷寺に安置されていたことから、現在でも玄猷寺で式典を行っています。私たちの支援する会の発足についてですが、2009年（平成21年）9月19日に第1回大府飛行場中国人殉難者慰霊祭を玄猷寺で行いました。その実行委員会を母体にして、2013年（平成25年）3月3日に現在の名称である「愛知・大府飛行場中国人強制連行被害者を支援する会」としてスタートさせました。

　2009年（平成21年）の第1回式典以降、つい先日9月12日に第7回の式典を行ってきたところです。毎回中国総領事館からご出席いただいていることを感謝申し上げます。

大阪中国人強制連行受難者追悼実行委員会代表、弁護士　冠木克彦氏

　大阪では10年前の2005年（平成17年）の10月23日に大阪港の天保山公園というところに「彰往察来」という題字をつけた碑を建立いたしました。大阪港にある天保山という山は、最近異論があるようですが、歴史的には日本で一番低い山になっております。この天保山公園に、強制連行中国人殉難労働者が帰れ

慰霊碑の説明をする大阪中国人強制連行受難者追悼実行委員会代表、弁護士の冠木克彦氏

なかった故郷の中国福建省の御影石を取り寄せまして、中国の

方を向けて建てました。その前面の石の箱に、犠牲になられた86名の方々のお名前を木札に書き入れて納めております。年に1回の追悼式にはその木札を全てきれいに並べて、そこでの追悼行事を行っております。なぜ大阪港かというと、とにかく強制連行で連れてこられたところであり、かつそこでの荷役と造船のための強制労働がなされた場所であるからです。私どもは1999年（平成11年）に今日資料として提出した本を作っています。本の中表紙のところに1つの詩を引用させていただいております。大事なところだけ申し上げますと「孝子を奪われし老母の嘆き」というものから始まり、中間に「港の深き底に沈みし屍から聞こえるうめき」とあって、最後に「時よとまれ、この怒りと悲しみよ、死の境地より蘇りてわが身にやどれ」というすごい詩であります。大阪港に連れてこられてまさにその地で犠牲になられたということからここに碑を作りました。

　大阪では1955年（昭和30年）4月にかなり大規模な強制連行中国人殉難労働者の慰霊祭が行われています。中国人“捕虜”殉難者慰霊祭、在阪中国人殉難者慰霊祭が営まれ、大阪府、大阪市、労働組合が一緒になって大規模なものが行われたようです。ただそこから後ぽつんと途切れ、私どもが大阪の強制連行を知って運動を始めるのは90年代に入ってからであります。1992年（平成4年）に松沢哲生さんという方と、あと2人がアメリカ国立公文書館に調査に行きました。直接は花岡事件の調査でしたが、その中に大阪におけるB、C級戦犯裁判の記録（横浜地裁の記録）がありました。それを見るとすごい虐待と暴行でたくさんの人を殺している、そういう事実が出て参りました。そこから1994年（平成6年）に中国からお2人の生存者——私どもは幸存者と言いますけれども——をお招き

しまして、生々しい受難の事実を証言していただきました。そ
れを機に、「大阪・中国人強制連行をほりおこす会」を結成し、
大々的な調査に入ります。何人かが中国にも行きまして、中国
河北大学のご協力を得ました。それで掘り起こしを行いまして、
かなり厖大な聞き取り調査をしております。数年前には私も中
国へ行って、聞き取り調査をいたしました。そういう活動を続
けながら、1998年（平成10年）4月に中国からの幸存者をお
招きし、「大阪中国人強制連行殉難者追悼と証言を聞くつどい」
を行い、かなり大規模な集会を行いました。私どもが今やって
いる「大阪中国人強制連行受難者追悼実行委員会」はこのとき
に結成され、このときを第1回の追悼ということにして、今年
は11月に第18回を行う予定にしております。

　建立に至る過程には困難がありました。天保山は実は大阪市
の所有です。碑を建てようとすると公園法があり、追悼は宗教
であるからそれをまともに書くな、など、余計な制限をつけら
れ、大阪市の土地を使うのはあきらめようかという話もありま
した。それでも公的な場所に建てる方がよいということで、碑
文を刻んで置いているわけですが、碑文自体も大阪市からいろ
いろ干渉されました。しかしなんとか「強制連行」は入れました。
二度と再びこういうことはしてはならないということをきっち
り書いて、大阪市の土地にこの碑を建立して、毎年追悼会を開
いております。

　大阪総領事館の方々も、どうしても都合のつかないときはだ
めですが、この追悼行事にご参加いただいております。この場
を借りて御礼を申し上げます。

京都府日中友好協会理事長　町野覚氏

慰霊碑の説明をする京都府
日中友好協会理事長の町野覚氏

　私どもの碑について説明させていただきます。京都の日本海側に風光明媚な天橋立という観光地がありますが、そこから京都市内に向かうところに酒呑童子で有名な大江山という山があり、そこにニッケル鉱山がありました。ニッケルはステンレス鋼を作るときに鉄と混ぜて合金を作るということで、このニッケル鉱山に元々日本人労働者、連合軍の捕虜などが従事していたのですが、1944年（昭和19年）の10月20日頃、中国河南省から200名の労働者が強制連行されてきました。そのうち12名が殉難されました。このニッケル鉱山があるのは今の行政区で言うと与謝野町というところですが、その鉱山から少し離れて天橋立のところに製錬所があります。そのニッケル鉱山に従事されていたのが中国人労働者で、連合軍捕虜などは天橋立のあるところの精錬所で働いていたようです。鉱山のあった滝という集落のお寺の住職さんが、戦後すぐから慰霊の行事を始められて、終戦の翌年から毎年8月に慰霊の行事を始めたと聞いております。ニッケル鉱山を継承した日本冶金工業という会社にも働きかけて、詳しいことはよく分からないのですが、2、3年たったぐらいにもう慰霊碑を建てられたようです。2メートルぐらいの自然石の慰霊碑で、ずっと地元の滝の住民が、日本冶金工

業も協力する形で慰霊行事をやっておりました。1984年（昭和59年）にその行事を京都府日中友好協会が引き継いで、主催して慰霊行事を始めました。その後1990年（平成2年）に、慰霊碑が建っていたところに国道バイパスができるということで、慰霊碑の場所を移さなければならなくなりました。そのときに新しい慰霊碑を作ろうということで、日中友好協会の呼びかけで府民から寄付を募って、当時1,100万円で慰霊碑を建てました。初めのうちは8月に慰霊行事をやっていましたが、だんだん時期がずれ9月、10月にやるようになりまして、今年は10月3日に開催予定になっております。大阪総領事館の方に出席いただいて、今年は京都府日中友好協会で始めて32回目の平和祈願祭ということでやらせていただいております。

　ニッケル鉱山の強制連行、労働の実態というのは各地の強制連行と一緒で、かなり厳しいものがあったようで、朝7時から夕方6時頃まで採鉱、鉱石を掘る仕事をやっていたのですが、賃金は全く払われておらず、労働目標を達成すると食料や酒、たばこが支給される形でした。宿舎の周りは高い塀で囲まれ、5人の指導員が24時間監視していたということが記録に残っておるようです。1944年（昭和19年）の10月20日に200名の労働者が到着しましたが、8月15日の敗戦までの短い間に12人が亡くなっておられます。そして1945年（昭和20年）12月7日に中国に送り返されたと記録されております。京都府日中友好協会で主催して日中不再戦慰霊という行事をしておりまして、南部の協会から北部の協会まで全部集まって、年に1回慰霊行事をするということで、協会自身も活動を通して南部の協会と北部の協会の交流もあり、毎年続いているという次第です。

愛媛県新居浜市日中友好協会会長　中田晃氏

慰霊碑の説明をする愛媛県新居浜市日中友好協会会長の中田晃氏

　新居浜市は1690年（元禄3年）から約280年間、1970年（昭和45年）ぐらいまで別子銅山で銅鉱石の採掘をしていたわけです。そこに1944年（昭和19年）から終戦まで、中国人労働者が強制連行されて就労を強いられたと、おそらくこのときは全国各地の炭鉱、鉱山などに随分中国人の強制労働者が投入されたと思っております。私ども日中友好協会新居浜では、毎年10月1日、中国の国慶節にあたる日に慰霊碑の前で慰霊祭を行っております。今年で三十数回目になり、また帰ったらすぐ準備に入ることになります。若干それに至る経過をご報告申し上げたいと思います。

　先ほど申し上げましたように、1944年（昭和19年）から1945年（昭和20年）まで662名の中国人が別子銅山に強制的に投入されました。山東省、河北省の方が多かったようです。戦争終結までの10か月の間、標高900メートルに宿舎が置かれ、大変過酷な状況の中で労働を強いられ、日本に来るときと戦後帰るときを含めて、662名中208名の方が亡くなられました。慰霊送還計画につきましては、1953年（昭和28年）11月に四国の華僑総会から愛媛県の華僑総会を通じて、県の地方労働組合団体に対して、戦時中住友鉱業別子鉱業所に強制連行さ

れた、強制連行中国人殉難労働者の遺骨捜査と本国への送還協力を求めた、これが発端であります。犠牲になられた中国人の方を別子事業所が保管しておったのです。翌年の1月に愛媛県、新居浜市、労働団体など官民36団体で「四国別子鉱山中国人殉難者慰霊実行委員会」を発足させ、同年新居浜にある瑞應寺というお寺——四国では大変有名なお寺ですが——で盛大に殉難者慰霊祭をやりました。これがスタートになり、その後別子事業所が毎年やっておったのですが、先ほど申し上げましたように280年の銅山の歴史が終わり、慰霊碑を山麓の瑞應寺というお寺に移設しました。その時点で新居浜市日中友好協会と住友金属鉱山別子事業所が協定を結び、慰霊碑の今後の管理を日中友好協会が請け負うということになりました。それから毎年10月1日にやっておりますが、偉いお坊さんが来て読経され、若い20代のお坊さんも来られます。お寺の方から、一度お寺に来て若い人にどんな歴史があるか教えてくれないかと言われました。若い修行僧は2、3年いるとよそに移りますので、何でどういう経緯で読経しているか分からんということで、昨年9月に20人ぐらいのお坊さんにお話しました。聞いたところ新居浜市のお坊さんは1人もいなかったのです。「実はあなた方に読経していただいているのには、こういう歴史があるんです」というお話をさせていただきました。戦後ずっと携わってきました日中友好協会新居浜の第1世代は亡くなってもうおられません。私どもは第2世代ですが、見た通り年もとっております。したがってこれから第3世代にどうやってバトンタッチするかが深刻な課題になることを申し上げてご報告としたいと思います。

山口県下関市日中友好協会会長　金田満男氏

慰霊碑の説明をする下関市日中友好協会会長の金田満男氏

　下関市は現在、中国青島市と友好都市を結んでおります。そのために1974年（昭和49年）、中国の中日友好協会に会長の廖承志先生を訪ねて参りました。非常に温和な立派な方で、色々な話の中に批林批孔の話もいたしました。「しかし金田さん、なかなか今すぐこれを変えることは難しく、私の口から話すのは難しい。もしもう少し詳しく知りたければ、私が北京大学にあなたを推薦するから留学していただけるだろうか」と尋ねられましたが、そういうわけにもいかない立場におりましたものですから、お断りしました。廖承志先生が、「私がかつて日本を訪問したときは、馬上花を見るがごとき旅でありました。しかし今度日本に参るときは、馬から下りてゆっくり日本を見てみたい。桜を見てみたい」とおっしゃいました。そのとき私は何かしら、やはり同じ東洋人だなと、この言葉が非常に印象に残っているわけです。廖承志先生はその5年後、日中友好の船で青少年を約200名連れて、下関市を訪問されました。そのとき廖承志先生が私に「金田さん、青島と友好締結をしたらどうだろうか」とおっしゃいました。ちょうど市長もおりましたので市長と話し、1979年（昭和54年）青島市と友好締結することになりました。それから今日まで、友好関係を尽くして参っ

ております。現在、廖承志先生顕彰記念碑が下関の火の山というところに建っております。下関市日中友好協会会長として建立を皆さんに呼びかけ、金田さんやりましょうよということでこの慰霊碑を建てました。これは廖承志先生1人だけの碑ではございますが、それほど先生の気概というか、相手を思いやる東洋人の心を持っておられる方というか、これからも末永くこの精神を伝えていくべき人だということを伝える意味で碑を建てました。今そこに500坪ぐらいの広場ができておりますが、「中国広場」という名前で、いろいろ行事を行っています。

　それとは別に現在の日中平和祈念慰霊の碑は、1985年（昭和60年）10月28日に建設しました。このときには多くの関係者の方も来られ、火の山からあたかもはるか山東省や青島が見えるような、透き通るような秋の日和でございました。皆それぞれの心を打たれたという考えを非常に強く感じました。故郷の青島を思い出し、中国と日本とが末永く友好であることを望んでおる1つの印だなということを考えたわけでございます。

　実は1985年（昭和60年）の10月28日に建てた碑には、73人の遺骨が埋葬されており、僧侶をお迎えし毎年慰霊祭を行っております。特に下関には大学が比較的多くございまして、中国からの留学生が非常に多いわけです。留学生の方々を年に1度、市内見学ということで、主として名所旧跡を案内して回りますが、その中にこの慰霊祭の時間をとり、慰霊祭に参加してもらっています。下関市にはこの慰霊祭と廖承志先生の慰霊祭と2つが存在するわけです。私は火の山に登るたびに手を合わせますが、非常にすがすがしい気持ちがしてなりません。そうして中国の方を望み、関門海峡の水の流れを見ながら、これからやはり中国と日本は仲良くしていかなければならんなとつく

づく感じております。これからもいろいろな行事を通して、慰霊祭を行うのはよいことだと思いますし、昔のことを鑑としてこれから日本と中国が手を取り合い、力を合わせていかなければならないと思っております。

　毎年、日中友好協会の者が慰霊碑の草刈り、石のずれを直すことなどをやっております。「金田さん直しといたよ」という言葉で通じるようになっております。ありがたいことだと思っております。私は今日この座談会に参ってどんな会かと思いながらも、私の付け焼刃で話すことが恥ずかしいぐらいで、皆様がそれぞれの立場で日中友好のために努力をされている姿を心に感じまして、本当に涙が出るほど嬉しゅうございます。私はこの座談会にご案内いただいたことを心から感謝申し上げます。

日中友好協会福岡県連合会事務局長　星野信氏

慰霊碑の説明をする日中友好協会福岡県連合会事務局長の星野信氏

　私の方から2点、報告させていただきます。第1点目は中国人強制連行慰霊碑の問題です。三池炭鉱で中国人を強制連行して労働させ、そこで犠牲になった人たちを慰霊しようということで、三池炭鉱で働いていた職員、深浦隆二さんが1984年（昭和59年）に私財をなげうって作ったのがこの慰霊碑です。その慰霊祭を支えてきたのが日中友好協会大牟田支部の皆さんで、今日

ここに出席しています堀さんが責任者です。建立以来7回ほど慰霊祭を行ってきました。この慰霊碑は山の上500メートルのところにあります。深浦隆二さんは、炭鉱の地下500メートルのところで強制労働させられ犠牲になったのを弔うために、中国の地が見える場所にという気持ちがあったようです。福岡県内では16事業所に6,090人を強制連行し、犠牲になった中国人は648人です。この数は北海道に次いで多いのです。その中でも大牟田市にある宮浦坑と荒尾市にある四山坑、万田坑の3つの炭鉱で2,481人が強制労働させられました。宮浦坑では574人連行されて44人が亡くなられ、死亡率は7.66％です。荒尾市万田坑は1,213人が連行されて348人が亡くなられて死亡率は28.68％です。四山坑には694人が連行されて245人が亡くなり、死亡率は35％に達しています。こういう犠牲者を出した炭鉱の地に慰霊碑を作ろうということで、2013年（平成25年）8月4日、宮浦坑跡地に慰霊碑を建立して慰霊祭を行いました。このときの慰霊祭には強制連行された当事者である崔書進さんと遺族の謝民さんをお招きいたしました。崔さんはもう亡くなられましたが、生存者の最後の方でした。それ以降、毎年慰霊祭を執り行っており、福岡総領事館からいつも領事の方にご挨拶にかけつけていただいています。ありがとうございます。

　もう1つ報告させていただきたいのは、そのような歴史が荒尾市史に記載されていることです。三池炭鉱で長年働いておられた職員、武松輝男さんが研究して著した「三井三池炭鉱強制連行中国人　50年目の過去」の記録が市史に掲載されたのです。そしてもう1つ、世界遺産に万田坑が「明治日本の産業革命遺産」の1つとして登録されました。私たちは、万田坑に中国人を強制連行した負の遺産も正しく後世に事実として伝えて

いけるように、世界遺産の中に盛り込むように申し入れをしていこうという計画です。2017年（平成29年）の10月1日までに世界遺産に報告しなければなりません。今、申し入れの内容を検討しているところです。

　今後も慰霊碑を福岡県内各地に建立していく計画です。

日中友好協会福岡県連合会会長　一番ヶ瀬宗幸氏

慰霊碑の説明をする日中友好協会福岡県連合会会長の一番ヶ瀬宗幸氏

　ご存じのように三井の鉱山は、北海道に3山、福岡県に3山ありまして、その1つが先ほど報告がありました三池ですね。もう1つは田川にあり、あと1つは隣接して山野（現在は嘉麻市）です。

　その1つの山、田川に1943年（昭和18年）春に1次強制連行があり、その後数次に分けて連行されたそうです。その数669名が田川に入ったということで、そのうち27名が亡くなっております。その犠牲になった方の名簿が、名簿というほどのものではないんですが、手書きのガリ版刷のコピーが手に入りました。それを見ますと亡くなったときの死因が書いてありました。これを詳しく知りたいと思いまして、三井田川、当時すでに閉山になっておりましたけれども、事務所は残っておりましたから、事務所に行き、これに関した資料がないか問い合わせたところ、一切書類はないとの返答でした。

付録2　座談会議事録

　後に裁判を起こして判明したのですが、当時の政府と結託して
なかったことにしているのですから、あったとしてもないと言う
のは当然です。そこで、伝手を求めて聞き取り調査をやりました。
ところが、少しでも強制連行に関わっていた人は口をつぐんで、
一切口外しようとしません。当時、実際に暴力をふるった人たち
は終戦直後に田川から逃走しています。そういう実態も聞き取り
調査の中で分かってきました。当時「華人寮」と言っていたよう
ですが、4メートルもあるような高塀に囲まれた中に収容所はあっ
たわけです。布団もろくに与えられず、少量の食事に飢えて過ご
したそうです。

　それから2年の約束で連れてきたのに、2年過ぎても帰そうと
しないのでストライキをしています。すると官憲が入り、投獄さ
れたという事態もあったそうです。

　2000年（平成12年）5月に福岡で裁判を起こした中で、被害
者が来て証言しました。それと全く一致するのです。当時福岡に
おった警察官も証言しております。事実が一致する中で、私が最
初手に入れた名簿と、裁判の途中で華僑総会から入手した名簿の
コピーとを突き合わせました。するとここに出ている死因と違い、
その中で3人が獄死しているのです。警察官が「瀕死の状態にし
た」という表現があり、それとこの3人の獄死が符合するのです。
それから労働災害で亡くなった人も5人います。その他栄養失調
などの病名はついておりますが、終戦後亡くなった方も3名おり
ます。そういった状況を知るたびに、私どもはどうしてもこのこ
とを、日本人に歴史を知ってほしいと思います。強制連行につい
ての政府の謝罪は必要ですし、それをとるために、そして企業の
補償、賠償をとるために、裁判闘争は終わりましたけれども、「被
害者の要求を支えるための福岡の会」で、継続して運動している

295

ところです。

　「鎮魂の碑」を建立するにあたり、中国物産、物品販売の利益を30年間毎月コツコツと積み立てたものと、私の後ろにおります中村さんが太極拳を講習して蓄えた資金、そして吉林省民族楽団を招聘して行った公演（880名入場）の益金、この3つを合わせて資金にしました。

　「鎮魂の碑」の原石は強制連行中国人殉難労働者の出身地の1つである四川省の石材で、青島の平栄石材の王暁鷹さんの協力を願って原価を割る安い値段で作ってもらいました。全て中国との関わりを持った形で鎮魂の碑を建てました。

　犠牲になった方の魂を鎮めるため、企業の賠償と国家の謝罪を求め、それによって私どもの心も安らぐと思っております。後世に伝えるために小冊子も編集中であります。これを作って広く皆様方に知ってもらいたいと思います。

岡まさはる記念長崎平和資料館理事長　高實康稔氏

追悼碑の説明をする岡まさはる記念長崎平和資料館理事長の高實康稔氏

　浦上刑務支所・中国人原爆犠牲者追悼碑の建立および現状について簡潔にご報告させていただきたいと思います。本来ならばここに来てお話されるのは元長崎市長の本島等さんでなければならないところですが、残念ながら昨年11月30日にお亡くなりになりました。長崎の中国人強制連

付録 2　座談会議事録

行裁判を支援する会の代表も務めてくださいました本島先生の代わりが務まるものではありませんが、私が引き受けた次第でございます。

　私たちは支援する会の本島先生を代表として、原爆犠牲者の追悼碑を建てようではないかということになりました。浦上刑務所、これは拘置所ですから言ってみれば監獄ですね。ここで、原爆で亡くなった中国人がいるということがどれだけ知られているか。子供たちにも教えていこうということで、裁判で事実がはっきりしたわけですから、それに基づいて追悼碑を 2008 年（平成 20 年）7 月 7 日、盧溝橋を思い起こして建立しました。8 月原爆の時期にやりますと、とてもじゃないけどアピール性に欠けてしまうのですね。それでこの時期にやっております。当日は 3 名のご遺族を招きました。日鉄鉱業の鹿町炭鉱と三菱鉱業の崎戸炭鉱に連行された人々のうち、長崎から遠く離れた鹿町炭鉱からの 6 名と崎戸炭鉱の 26 名、併せて 32 名が原爆の犠牲になっています。炭鉱での強制労働もとうてい許しがたいことですが、なぜ原爆の被害にまでと悲痛な思いで、ご遺族 3 名をお招きしました。それぞれの顔が今でも忘れられません。追悼碑には裏面に名前が刻まれているわけです。そして碑文として「この地で原子爆弾により非業の死を遂げた中国の方々を追悼するとともに、非戦と核廃絶を誓ってこの碑を建立する」とありまして、その下に鹿町炭鉱の 6 名と崎戸炭鉱の 26 名の名前が刻まれているのですね。そうするとご遺族の喬愛民さんと賈同申さん、呉小国さんが自分の父親の名前をこうしてさすりながら、見ておれないほど号泣されました。この姿を私は決して忘れることはできないし、生涯忘れることはないと思っております。長くなりますので最後に課題として何が残されてい

297

るかと言いますと、原爆の犠牲者追悼碑だけでなく、4つの炭鉱にそれぞれ追悼および歴史を刻む記念碑を建てる、これが私たちに残された大きな課題だと思っております。

金剛寺住職　赤星善生氏

供養塔の説明をする金剛寺住職の赤星善生氏

　荒尾市は熊本県の北西部に位置し、ラムサール条約登録湿地の荒尾干潟のある有明海に面しております。お隣の福岡県大牟田市は「月が出た出た月が出た」の歌い出しの炭坑節で有名な三池炭鉱で栄えた街でございます。今年7月5日に明治日本の産業革命遺産として荒尾の万田坑、大牟田の宮原坑が登録されましたので皆様もご承知のことと思います。また辛亥革命の孫文氏が日本に亡命した折に身を寄せ、また彼の活動を支援した宮崎滔天兄弟の生家もございまして、辛亥革命100周年では日中相互で記念事業が開催され、中国からも多くの諸団体諸要人のご訪問をいただきました。

　私どもの宗旨は真言宗でございまして、弘法大師空海僧都が御開祖でございます。本年は弘法大師による霊峰高野山開創1200年に当たり、新聞やテレビなどで広く紹介されましたので御承知の方も多いと存じますが、弘法大師は唐の時代に中国にお渡りになり真言密教を伝えられました。また月輪大師俊芿

律師は熊本の御出身で、宋の時代に真言天台浄土禅の四宗を兼学して朱子学を伝えられ、荒尾の小岱山に正法寺を建立されますが、後に勅命により上洛され泉涌寺を開山なされます。今日の歴代天皇ご皇室の菩提所であり、真言宗泉涌寺派の総本山御寺泉涌寺でございます。

正法寺は歴史の中に名前を残すだけで何の形も残っていなかったのですが、高野山での修行を終え熊本へ帰りました父赤星善弘が郷土史をひもとくなかで、正法寺を復興し月輪大師の遺徳を顕彰したいとの志のもとに、小岱山の一画を開き境内地を整備して、泉涌寺平野龍法大僧正猊下の御導師を賜り地鎮祭を厳修しました。

弘法大師、月輪大師ともに仏法を求め中国に渡られたのに、先の大戦では仏教の先輩国である中国、韓朝鮮半島の国々に対して、日本が強制連行という形でたくさんの方々に犠牲を強いてしまった。弘法大師、月輪大師が現世の人であったならば、本堂を建立する前に、まずその方々の御供養を優先されたであろうと考え、その御心に叶うようにとの思いで供養塔建立を発願いたします。

中国の方々との長いお付き合いの中で教えられたのは、「水を飲むときは、最初に井戸を掘った人々の勇気と努力に敬意を払い、その恩恵に感謝することを忘れてはならない」というものでした。仏道の前に人道を優先いたしたために正法寺の境内に供養塔が完成し、正法寺の仮本堂が建立されたのはさらに2年後となりました。

供養塔の名称は「中国人殉難者供養塔」、1972年（昭和47年）4月12日に当時の澤田一精県知事の手により除幕、泉涌寺宗務総長森岡善暁大僧正猊下の御導師を賜り、開眼法師を厳修い

たしました。日本で五星紅旗と日の丸が並び掲揚されたのは正法寺が最初であると記憶しております。

しかし、これには3年半の月日を必要といたしました。なぜならば、三井鉱山はじめ企業による資金提供は要求せず高額の寄付も一切求めず、熊本県と福岡県内各地を3年半、延べ1,000キロにわたり啓発と托鉢を繰り返したからです。商店街の街頭、田舎の家々、県民の老若男女1人ひとりの尊い1円、10円、100円の浄財、善意の蓄積によって完成させていただきました。

当時、中国を敵視するニクソン、佐藤政権の下では、托鉢に対する嫌がらせもありました。心ない差別の言葉をあびせられたり、時には石を投げつけられたり、心が折れそうになることもしばしばでした。

建立の趣意書や慰霊碑、供養塔の碑文には三井鉱山、三池炭鉱という文言は一切述べられていないのに、三井の城下町と言われる荒尾、大牟田の地で強制連行中国人殉難労働者の供養塔を建てるような活動は、三井の古傷を暴くようなことになるから、子供たちや一族の将来が危ぶまれるという、親切とも脅しともとれる声をかけてくる人たちが現れました。

特に厚生省援護局から全国の強制連行中国人殉難労働者名簿を頂戴したときはいろいろな意味で緊張感も増しました。

ところが1972年（昭和47年）9月29日に田中角栄、周恩来両首相の下で日中国交正常化がなされると、とたんに今まで批判的だった方々が手のひらを返したように父や同志の方々の活動を称賛してくれるようになりました。翌年、日中友好協会の訪日代表団の中で、馬純古副団長一行が西日本を巡回し、荒尾市では宮崎滔天兄弟生家と正法寺を訪れ、「中国人殉難者供養塔」と「不二之塔」の前で御焼香いただきました。

翌年からは4月12日に合同慰霊祭を行いまして、今年44回目を迎えました。毎月8日には正法寺の月なみの法要があり、その折も供養塔の前で読経いたします。これは521回におよびます。

毎年4月12日の合同慰霊祭には、韓国より白蓮寺李雪山管長猊下ご一行の読経を頂戴しております。荒尾市長、中国福岡総領事、熊本華僑総会、熊本と福岡の民団と総聯、熊本日中友好協会、熊本日中協会、熊本むくげの会、熊本県議会議員、熊本市議会議員等々一般壇信徒の皆様の御焼香をいただいております。法要後は金剛寺に席を移してそれぞれ手料理を持ち込み和やかに昼食会をいたします。

第40回の記念法要の折りは、泉湧寺より上村貞郎管長猊下はじめ藤田浩哉宗務総長、川村俊弘総務部長、渡邉恭章法会部長、市橋朋幸財務部長等々のご臨席をいただきました。

毎年旧盆の7月15日、金剛寺の年中行事の大施餓鬼法要では、5メートルにも及ぶ麦わら船を製作し精霊流しをいたします。その折は強制連行中国人殉難労働者の御霊や広島と長崎の原爆犠牲者はじめ戦争犠牲者の御霊も合わせて御供養させていただいております。

2000年（平成12年）12月、南京の資料館朱成山館長が供養塔にお参りくださいました折、是非南京にも慰霊碑を建立してほしいというお話をいただきました。資料館の横に土地を用意してください、許可がおりましたら托鉢を始めますと約束をいたしましたが、未だにその話は実現しておりません。

以上、概略を申し上げました。すでに故人になられた方もいらっしゃいますが、父赤星善弘とともに托鉢に参加し尽力いただいた方々の高い志と熱い思いを代弁できているとはとうてい

301

思いません。幸いにも先だってジャーナリストの江川紹子さんが取材にお見えになり、慰霊碑についてインターネットを通じて紹介くださっておりますので、御一読いただければと存じます。

　今後の課題について少し触れます。華僑総会、民団、総聯などの諸団体も高齢化や、若い世代の日本への帰化が進み、役員、後継者の育成や、組織の維持についても不安視され、慰霊祭への参列者にも減少が心配されます。日中国交正常化後に荒尾、大牟田にいくつか供養塔が建立されているようですが、どのような管理運営、慰霊式典がなされているか私どもは存じ上げません。これから建立予定のものもあるようですが、世界遺産登録により施設や歴史について注目されている今こそ、一時的なものではなく、恒久的にそれぞれの慰霊碑が盛んになるよう進めていきたいと思います。

　私どもの慰霊碑、供養塔には三池炭鉱の強制連行中国人殉難労働者に限らず、全国の炭坑や造船所などで犠牲になられた強制連行中国人殉難労働者の方々の名簿が収められております。また幸いにも行政や企業の主体ではなく、建立に際し資金援助も求めておりません。宗教者としての信仰に基づくものであり、政治やその他の要因に左右されることなく一貫した姿勢で続けられるものと思います。今後も微力ながら日中、日韓、日朝の平和と友好のために精進して参ります。

付録2　座談会議事録

座談会出席者名簿

氏名 (敬称略)	肩書	碑名	所在地
石田博	北海道旭川日中友好協会会計監査、元副会長	中国人強制連行事件殉難烈士慰霊碑	北海道上川郡東川町
谷津邦夫	北海道三笠市議会議長、北海道三笠日中友好協会副会長	中国人殉難者慰霊碑	北海道三笠市
吉田義人	北海道栗山町社会福祉協議会、栗山町中国人殉難者供養会実行委員会	中国人殉難者之墓	北海道夕張郡栗山町
鴫谷節夫	北海道中国人殉難者全道慰霊祭事務局長	日中不再戦友好碑	北海道余市郡仁木町
大嶽秋夫	劉連仁生還記念碑を伝える会事務局長	劉連仁生還記念碑	北海道石狩郡当別町
今野一三六	劉連仁生還記念碑を伝える会前事務局長	劉連仁生還記念碑	北海道石狩郡当別町
谷地田恒夫	NPO花岡平和記念会副理事長	中国殉難烈士慰霊之碑	秋田県大館市
木越陽子	NPO花岡平和記念会理事	中国殉難烈士慰霊之碑	秋田県大館市
富樫康雄	花岡の地・日中不再戦友好碑をまもる会事務局長	日中不再戦友好碑、七ツ館弔魂碑、他3基	秋田県大館市
高橋幸喜	山形県酒田港中国人強制連行を考える会事務局長	建碑運動中	山形県酒田市
伊田稔	山形県酒田港中国人強制連行を考える会事務局員（ニュース発行担当）	建碑運動中	山形県酒田市
柳一成	岩手県釜石市日中友好協会事務局長	日中永遠和平の像	岩手県釜石市
熊谷充善	釜石市総務企画部総務課長	日中永遠和平の像	岩手県釜石市

渡部英一	福島県中国人殉難烈士慰霊碑 保存会会長代行、副会長	中国人殉難烈士慰霊碑	福島県耶麻郡 猪苗代町
松田清良	石川県七尾日中友好協会顧問	一衣帯水の碑、 中国人殉難烈士慰霊碑	石川県七尾市
平田嘉則	石川県七尾日中友好協会理事	一衣帯水の碑、 中国人殉難烈士慰霊碑	石川県七尾市
太田一男	富山県高岡市日中友好協会副会長	日中友好の碑	富山県高岡市
道具欣二	富山県高岡市日中友好協会	日中友好の碑	富山県高岡市
西堀正司	長野県日中友好協会理事長	木曽谷殉難中国人 慰霊碑	長野県木曽郡 木曽町
小林勝人	長野県飯田日中友好協会理事長	在日殉難中国烈士慰霊碑	長野県下伊那郡 天龍村
橋本登志子	相模湖・ダムの歴史を 記録する会代表	相模湖湖銘碑	神奈川県 相模原市
太田顕	相模湖・ダム建設殉職者合同 追悼会実行委員会事務局	相模湖湖銘碑	神奈川県 相模原市
松永守男	日中友好協会群馬県連合会会長	日中不再戦中国人烈士 慰霊之碑	群馬県太田市
山本健二	日中友好協会群馬県連合会 理事長	日中不再戦中国人烈士 慰霊之碑	群馬県太田市
羽鳥知容	日中友好協会群馬県連合会 事務局長	日中不再戦中国人烈士 慰霊之碑	群馬県太田市
大谷きよみ	静岡県西伊豆町役場総務課 総務係長	中国人殉難者慰霊碑	静岡県加茂郡 西伊豆町
氏原章博	静岡県浜松市日中友好協会会長	中国人殉難慰霊碑	静岡県浜松市
池谷豊	静岡県浜松市日中友好協会 副会長、事務局長	中国人殉難慰霊碑	静岡県浜松市
渡辺敏昭	静岡県富士市日中友好協会会長	中国人殉難者慰霊碑	静岡県富士市

付録 2　座談会議事録

大芝収	静岡県富士市日中友好協会事務局長	中国人殉難者慰霊碑	静岡県富士市
石川勇吉	愛知・大府飛行場中国人強制連行被害者を支援する会代表	建碑運動中	愛知県東海市
富田好弘	愛知・大府飛行場中国人強制連行被害者を支援する会	建碑運動中	愛知県東海市
大藪二朗	NPO 法人大阪府日中友好協会副理事長	日中友好の碑　彰往察来	大阪府大阪市
冠木克彦	大阪中国人強制連行受難者追悼実行委員会代表、弁護士	日中友好の碑　彰往察来	大阪府大阪市
町野覚	京都府日中友好協会理事長	日本中国悠久平和友好之碑	京都府与謝郡与謝野町
中田晃	愛媛県新居浜市日中友好協会会長	中国人 " 俘虜 " 殉難者慰霊之碑	愛媛県新居浜市
金田満男	山口県下関市日中友好協会会長	日中平和祈念慰霊の碑	山口県下関市
金田直樹	山口県下関市日中友好協会事務局長	日中平和祈念慰霊の碑	山口県下関市
星野信	日中友好協会福岡県連合会事務局長	三井三池炭鉱宮浦坑中国人殉難者慰霊碑	福岡県大牟田市
堀栄吉	日中友好協会福岡県連合会大牟田支部副支部長	三井三池炭鉱宮浦坑中国人殉難者慰霊碑	福岡県大牟田市
一番ヶ瀬宗幸	日中友好協会福岡県連合会会長	鎮魂の碑	福岡県田川市
中村仁美	日中友好協会福岡県連合会田川支部事務局長	鎮魂の碑	福岡県田川市
高實康稔	岡まさはる記念長崎平和資料館理事長	浦上刑務支所・中国人原爆犠牲者追悼碑	長崎県長崎市
赤星善弘	金剛寺名誉住職	中国人殉難者供養塔	熊本市荒尾市
赤星善生	金剛寺住職	中国人殉難者供養塔	熊本市荒尾市

付録3

参考資料

資料分類	タイトル	資料出所	発表日時
書籍	戦時下における中国人強制連行の記録 付・四〇、〇〇〇人の中国人強制連行の真相	中国人殉難者全道慰霊祭事務局	1992 年 6 月
書籍	知っていますか 北海道での中国人強制連行 全道五十八事業場殉難の記録	日本中国友好協会 北海道支部連合会	1989 年 5 月
書籍	仲間に守られて 僕は、地獄を生き抜いた	中国人殉難者全道慰霊祭実行委員会	2009 年 6 月
記事	劉連仁さんの遺言、手紙で	日中友好新聞	2000 年 11 月
記事	劉連仁特集	日中友好新聞道連版	2015 年 1 月
記事	故劉連仁さん長男ら参列	北海道新聞	2015 年 6 月
記事	「劉連仁さん」児童書に	北海道新聞	2015 年 7 月
記事	強制連行の中国人 50 回目の慰霊 加害と友好の歴史　後世に	毎日新聞	2015 年 6 月
記事	平和一緒に守ろう 仁木町で中国人殉難者慰霊祭	しんぶん赤旗	2015 年 7 月
講演記録	劉連仁を中心に 北海道の中国人強制連行問題	鳴谷節夫	2007 年 10 月
資料	第 46 回（一九六六―二〇一一） 中国人殉難者全道慰霊祭 中国人強制連行の 犠牲者三、〇四七名の追悼を ～日中友好の草の根の交流を進めよう～	中国人殉難者全道慰霊祭実行委員会	2011 年 6 月

資料	第 47 回（一九六六―二〇一二） 中国人殉難者全道慰霊祭 中国人強制連行の 犠牲者三、〇四七名の追悼を 〜日中国交回復四十周年を記念して 草の根の交流を進めよう〜	中国人殉難者全道慰霊 祭実行委員会	2012 年 6 月
資料	第 48 回（一九六六―二〇一三） 中国人殉難者全道慰霊祭 中国人強制連行の 犠牲者三、〇四七名の追悼を 日中平和条約締結 35 周年を記念して 草の根の交流を進めよう	中国人殉難者全道慰霊 祭実行委員会	2013 年 6 月
資料	第 49 回（一九六六―二〇一四） 中国人殉難者全道慰霊祭 中国人強制連行の 犠牲者三、〇四七名の追悼を 日中平和条約締結 36 周年を記念して 草の根の交流を進めよう	中国人殉難者全道慰霊 祭実行委員会	2014 年 6 月
資料	劉煥新・劉利　父子を迎えて （一九六六〜二〇一五） 中国人強制連行の 犠牲者三、〇四七名の追悼を 戦後 70 年を記念して 草の根の交流を進めよう	中国人殉難者全道慰霊 祭実行委員会	2015 年 6 月
書籍	日中国交正常化 30 周年記念誌	旭川日本中国友好協会	2003 年 2 月
記事	88 人の霊慰める　強制労働の犠牲中国人	北海道新聞	1968 年 7 月
記事	霊よとわに安らかに	北海タイムス	1977 年 7 月
記事	88 人のみ霊よ安かれ	北海道新聞	1977 年 7 月
記事	殉難中国人を慰霊	北海道新聞	1983 年 7 月
記事	私の中の 8・15	北海道新聞	1983 年 8 月
記事	めい福と友好祈って	北海タイムス	1986 年 7 月
記事	88 人の犠牲者悼む	北海道新聞	1986 年 7 月
記事	中国人強制連行殉難者安らかに 盧溝橋事件から 50 年	北海道新聞	1987 年 7 月
記事	人はなし	北海道新聞夕刊	1995 年 7 月

記事	連行の歴史忘れない	北海道新聞	1998 年 7 月
記事	石碑の証言 北の歴史を訪ねて	北海道新聞	1998 年 8 月
記事	強制労働忘れるな 望郷の中国人像建立へ	北海道新聞	2000 年 6 月
記事	強制労働の歴史を伝えよう 青年像「望郷」を除幕	北海道新聞	2000 年 7 月
記事	強制連行の歴史忘れない 中国の犠牲者慰霊祭	北海道新聞	2000 年 7 月
記事	強制労働者悼む慰霊祭	朝日新聞	2000 年 7 月
記事	石碑を建立東川の大木さん 中国総領事名で「魂」	北海道新聞	2000 年 8 月
記事	「国や企業は謝罪を」 札幌地裁　中国人原告が初証言	北海道新聞	2001 年 6 月
記事	「強制連行」風化させぬ	北海道新聞	2010 年 7 月
記事	強制連行の歴史 次世代に	北海道新聞	2012 年 7 月
記事	芦別で来月遺骨調査	北海道新聞	2012 年 7 月
記事	仲間を悼み碑前で号泣	北海道新聞	2001 年 6 月
記事	「強制労働で 88 人死んだ…」	北海道新聞夕刊	2001 年 6 月
資料	中国人強制連行事件殉難烈士慰霊祭	中国人強制連行事件 殉難烈士慰霊祭管理 委員会	2015 年 7 月
資料	中国人強制連行事件殉難烈士慰霊祭	中国人強制連行事件 殉難烈士慰霊碑管理 委員会	2001 年 7 月
資料	永遠の日中友好を願う	中国人強制連行事件 殉難烈士慰霊碑管理 委員会	2001 年 7 月
資料	中国人強制連行事件殉難烈士慰霊祭の 御案内	中国人強制連行事件 殉難烈士慰霊碑管理 委員会	2001 年 6 月
講演記録	旭川日中友好協会の草創期を語る	石田博	1999 年 10 月

資料	栗山町中国人殉難者供養会について	栗山町中国人殉難者供養会実行員会	2015 年 9 月
書籍	室蘭における中国人強制連行強制労働の記録	中国人殉難者全道慰霊祭事務局	1994 年 3 月
資料	慰霊碑について	「10.9 中国人殉難烈士慰霊の集い」実行委員会	2015 年 10 月
資料	第 23 回「10.9 中国人殉難烈士慰霊の集い」	「10.9 中国人殉難烈士慰霊の集い」実行委員会	2015 年 10 月
資料	第 23 回「10.9 中国人殉難烈士慰霊の集い」報告	「10.9 中国人殉難烈士慰霊の集い」実行委員会	2015 年 10 月
資料	中国人殉難烈士慰霊追悼 7.7 室蘭集会	中国人殉難烈士慰霊追悼 7.7 室蘭集会実行委員会	2015 年 7 月
書籍	生きる 劉連仁の物語	童心社	2015 年 7 月
書籍	劉連仁物語〜当別の山中から〜	響文社	2009 年 9 月
小冊子	劉連仁生還記念碑建立のあゆみ	劉連仁生還記念碑を伝える会	2003 年夏
小冊子	中国人殉難者慰霊の概要	三笠日中友好協会	2015 年秋
小冊子	創立 20 周年記念誌	三笠日中友好協会	2011 年 5 月
書籍	フィールドワーク花岡事件―学び・調べ・考えよう	花岡の地・日中不再戦友好碑をまもる会	2011 年 6 月
資料	中国人殉難者慰霊碑巡り	大館市	1997 年 6 月
書籍	花岡平和記念館−記憶を心に刻む−	NPO 花岡平和記念会	2015 年 6 月
資料	歴史事実の継承を〜花岡事件 70 周年〜	秋田県歴教協（花岡の地・日中不再戦友好碑をまもる会）	2015 年 11 月
書籍	花岡事件 70 周年記念誌	花岡の地・日中不再戦友好碑をまもる会	2015 年 8 月
資料	「日中永遠和平の像」建立及び慰霊祭の開催経過	釜石市日中友好協会	2009 年 7 月
資料	中国人殉難者慰霊祭	釜石市日中友好協会	2007 年 6 月

資料	中国人殉難者慰霊祭	釜石市日中友好協会	2009 年 7 月
小冊子	山形県酒田港での 中国人強制連行・強制労働事件 Q & A 祖国と家族から引き裂かれて…	酒田港中国人強制 連行を考える会	2000 年 10 月
小冊子	東京港中国人強制連行の記録	日中友好協会山形県連合会 高橋幸喜	2010 年 6 月
小冊子	平和と人権　やまがたガイド	山形県歴史教育者協議会 治安維持法犠牲者国 家賠償要求同盟山形県本部 酒田港中国人 強制連行を考える会	2015 年 8 月
書籍	渡辺晃　写真集 酒田港中国人強制連行痛恨の 60 年	北の風出版	2004 年 5 月
書籍	平和への思い 「平和の碑・中国残留帰国者墓苑」建設の記録	日本中国友好協会 山形県連合会	2015 年 2 月
資料	第 15 回酒田港中国人強制連行・ 強制労働殉難者慰霊祭の記録	酒田港中国人強制連行を 考える会	2013 年 10 月
資料	星はかがやく ～福島県中国人殉難烈士 慰霊碑保存会設立記念誌～	福島県中国人殉難 烈士慰霊碑保存会設 立記念誌編集委員会	2010 年 3 月
資料	福島県中国人殉難烈士慰霊祭	福島県中国人殉難 烈士慰霊碑保存会	2006 年 7 月
資料	2006 年度 福島県中国人殉難者慰霊祭要項	福島県中国人留学生 有志者会	2006 年 7 月
資料	福島県中国人殉難烈士慰霊祭	福島県中国人殉難 烈士慰霊碑保存会	2015 年 7 月
CD	福島県中国人受難烈士慰霊碑保存会 設立 10 周年記念	福島県中国人殉難 烈士慰霊碑保存会	2015 年 7 月
書籍	足尾銅山史	随想舎	2006 年 3 月
書籍	足尾の文化財	足尾町教育委員会	1989 年
記事	炭鉱はいま	北海道新聞	2014 年 7 月
資料	1973 年（昭和 48 年） 開眼法要除幕式　写真	福島県中国人殉難烈 士慰霊碑保存会	2015 年 10 月

付録3　参考資料

資料	日光市足尾地域の 中国人殉難烈士慰霊塔について	日光市役所足尾総合 支所市民福祉課	2015 年 10 月
小冊子	霊川の流れは永遠に ―殉難中国人の魂にささぐ―	木曽谷発電所建設殉 難中国人慰霊碑建立 実行委員会	1983 年 11 月
資料	日中平和友好条約締結 35 周年記念 木曽谷殉難中国人慰霊祭	日中平和友好条約 35 周年木曽谷殉難中国 人慰霊祭実行委員会	2013 年 9 月
小冊子	中国人強制連行事件の歴史を考える	飯田日中友好協会	2015 年 8 月
資料	「日中友好の碑」建立趣意書	「日中友好の碑」建立 委員会	1979 年 9 月
資料	日中友好の碑完成記念除幕式	「日中友好の碑」建立 委員会	1979 年 10 月
資料	「中国人殉難烈士慰霊碑」関連資料	七尾市日中友好協会	2015 年 10 月
資料	強制連行群馬藪塚・月夜野事件の現状	日中友好協会群馬県連合会	2012 年 3 月
資料	中国人強制連行強制労働問題 群馬の戦い	日中友好協会群馬県連合会	2012 年 3 月
資料	中国人強制連行殉難者慰霊供養	日中友好協会群馬県連合会	2015 年 9 月
資料	第 63 回　強制連行殉難者慰霊祭	日中友好協会群馬県連合会	2015 年 10 月
資料	みなかみ町の中国人強制連行関連資料 （軍部命令に対しての村の対応） 古馬牧村史から抜粋	日中友好協会群馬県連合会	2015 年 10 月
講演記録	「中国人殉難者慰霊碑」建設をめぐって	髙橋光夫	2015 年 10 月
資料	群馬県中国人強制連行殉難者慰霊行事写真	日中友好協会群馬県連合会	2015 年 10 月
資料	岐阜市「中国人殉難者の碑」関連資料	岐阜市	2015 年 10 月
資料	瑞浪の地下壕調査の概要	岐阜県地下壕研究会	1996 年 7 月
資料	中国人強制連行の経緯	戦争遺跡を保存する 瑞浪の会 調査委員　加藤明	2004 年 9 月
書籍	中国人強制連行 「外務省報告書資料」間組・瑞浪出張所 ―資料・記録からその実態をさぐる―	岐阜県地下壕研究会 代表 加藤明	1997 年 3 月

311

資料	中国人殉難者慰霊碑について	高山ライオンズクラブ	2015 年 10 月
資料	中国人殉難者慰霊法要について	高山ライオンズクラブ	2015 年 10 月
資料	日本中国悠久平和友好之碑について	京都府日本中国友好協会	2015 年 10 月
小冊子	大阪中国人強制連行 追悼委ニュース　新 No.9	大阪中国人強制連行受 難者追悼実行委員会	2005 年 9 月
小冊子	大阪中国人強制連行 追悼委ニュース　新 No.21	大阪中国人強制連行受 難者追悼実行委員会	2010 年 4 月
小冊子	大阪中国人強制連行 追悼委ニュース　新 No.22	大阪中国人強制連行受 難者追悼実行委員会	2010 年 9 月
小冊子	大阪中国人強制連行 追悼委ニュース　新 No23	大阪中国人強制連行受 難者追悼実行委員会	2010 年 10 月
小冊子	大阪中国人強制連行 追悼委ニュース　通算 No.35	大阪中国人強制連行受 難者追悼実行委員会	2011 年 6 月
小冊子	大阪中国人強制連行 追悼委ニュース　通算 No.37	大阪中国人強制連行受 難者追悼実行委員会	2012 年 6 月
小冊子	大阪中国人強制連行 追悼委ニュース　通算 No.38	大阪中国人強制連行受 難者追悼実行委員会	2012 年 10 月
小冊子	大阪中国人強制連行 追悼委ニュース　通算 No.39	大阪中国人強制連行受 難者追悼実行委員会	2013 年 5 月
小冊子	大阪中国人強制連行 追悼委ニュース　通算 No.40	大阪中国人強制連行受 難者追悼実行委員会	2013 年 10 月
小冊子	大阪中国人強制連行 追悼委ニュース　通算 No.41	大阪中国人強制連行受 難者追悼実行委員会	2014 年 7 月
小冊子	大阪中国人強制連行 追悼委ニュース　通算 No.42	大阪中国人強制連行受 難者追悼実行委員会	2014 年 10 月
小冊子	大阪中国人強制連行 追悼委ニュース　通算 No.43	大阪中国人強制連行受 難者追悼実行委員会	2015 年 2 月
記事	強制連行の歴史知って	朝日新聞	2005 年 10 月
記事	大阪港　強制連行刻む碑	朝日新聞	2005 年 10 月
記事	強制連行　今なお日中間に隔たり	毎日新聞	2005 年 11 月

付録 3 参考資料

記事	強制連行中国人、追悼の碑 天保山公園で市民団体ら 生存者迎え除幕式	毎日新聞	2005 年 10 月
記事	ひと　高文声さん	毎日新聞	2005 年 11 月
資料	追悼碑建立のための趣意書	大阪中国人強制連行受 難者追悼実行委員会	1998 年 10 月
資料	彰往察来碑碣掲幕儀式（中国語）	大阪中国人強制連行受 難者追悼実行委員会	2005 年 10 月
資料	彰往察来碑除幕式（日本語）	大阪中国人強制連行受 難者追悼実行委員会	2005 年 10 月
資料	報告書	大阪中国人強制連行受 難者追悼実行委員会	2015 年 9 月
書籍	第 12 回　大阪中国人強制連行 追悼会　学習会 2009 年 11 月 21 日報告集	大阪中国人強制連行 追悼実行委員会	2010 年 4 月
書籍	大阪と中国人強制連行	大阪・中国人強制連 行をほりおこす会	1999 年 11 月
小冊子	みかん畑の大きなテント 大府飛行場に連行された中国人	愛知・大府飛行場中 国人強制連行被害者 を支援する会	2013 年 3 月
小冊子	みかん畑の大きなテント 第 5 号	愛知・大府飛行場中 国人強制連行被害者 を支援する会	2015 年 6 月
小冊子	南守夫さんを偲ぶ会・資料	南守夫さんを偲ぶ会・ 実行委員会	2015 年 2 月
書籍	愛知・大府飛行場における 中国人強制連行・強制労働	愛知・大府飛行場中 国人強制連行被害者 を支援する会	2013 年 8 月
資料	戦後 70 年、日本政府と岩田地崎建設 に全面解決を迫る確かな前進を築きま しょう！！	愛知・大府飛行場中 国人強制連行被害者 を支援する会	2015 年 5 月
資料	第 7 回大府飛行場中国人強制連行殉難 者追悼式典	愛知・大府飛行場中 国人強制連行被害者 を支援する会	2015 年 9 月
講演記録	日中歴史問題解決への道	松岡肇	2015 年 9 年

313

記事	戦中の労働で犠牲中国人81人を慰霊	中日新聞	2015年8月
記事	強制労働の中国人慰霊	静岡新聞	2015年8月
資料	第50回 峰之沢中国人殉難烈士慰霊祭　式次第	浜松市日中友好協会	2015年8月
小冊子	前事不忘 94年西伊豆町、中国人殉難者慰霊の集いに 中国より生き証人を招いた…報告書	中国人殉難者慰霊の 集いに中国より関係 者を招く実行委員会	1994年8月
資料	鎮魂 中国人殉難者慰霊碑完成―記念誌―	静岡県加茂郡西伊豆町 中国人慰霊碑 建立実行委員会	2015年10月
資料	西伊豆町中国人殉難者慰霊の集い	西伊豆町大沢里区 白川町町内会	2015年7月
小冊子	中国人興亜建設隊物故者記 ―不戦の誓いを後世に伝えるために―	富士市 日中友好協会	2015年10月
資料	中国人殉難者慰霊祭	富士市 日中友好協会	2015年7月
資料	戦後70周年・強制連行中国人殉難者 慰霊碑維持管理座談会資料	静岡県富士市 日中友好協会	2015年9月
小冊子	第34回相模湖・ダム建設殉職者 合同追悼会しおり	相模湖・ダム建設殉職者 合同追悼会実行委員会	2012年7月
小冊子	第35回相模湖・ダム建設殉職者 合同追悼会しおり	相模湖・ダム建設殉職者 合同追悼会実行委員会	2013年7月
小冊子	第37回相模湖・ダム建設殉職者 合同追悼会しおり	相模湖・ダム建設殉職者 合同追悼会実行委員会	2015年7月
資料	相模湖（ダム）殉難者 追悼会ニュース　37号	相模湖・ダム建設殉職者 合同追悼会実行委員会	2015年9月
CD	第35回相模湖・ダム追悼会	相模湖交流センター	2013年7月
書籍	西松安野友好基金和解事業報告書	西松安野友好基金 運営委員会	2014年10月
記事	両国の友好のシンボルに 市内で日中平和祈念慰霊の碑除幕	朝日新聞	1985年10月
資料	中国人殉難者慰霊碑建立趣意書	下関市日中友好協会	1985年8月

付録3　参考資料

資料	日中平和祈念慰霊の碑	下関市日中友好協会	1985 年 10 月
記事	中国人殉難者　安らかに 慰霊祭に市長ら 30 人	愛媛新聞	2010 年 10 月
記事	別子銅山　繁栄の歴史に「光と影」	愛媛新聞	2011 年 10 月
記事	中国の殉難者　安らかに 別子銅山強制連行 新居浜で慰霊祭	愛媛新聞	2013 年 10 月
記事	太平洋戦争末期　別子銅山に強制連行 中国人労働者を追悼	愛媛新聞	2014 年 10 月
資料	中國人殉難者慰霊について	新居浜日中友好協会	2014 年 9 月
資料	「別子銅山の歴史を学ぶ会」の皆さんへ （No.182 号）	新居浜日中友好協会	2014 年 9 月
資料	中国殉難者名簿	日中友好協会福岡県連合会	2015 年 10 月
資料	戦後 70 周年・強制連行中国人殉難者 慰霊碑維持管理座談会資料	日中友好協会福岡県連合会	2015 年 9 月
資料	聞き取り証言	日中友好協会福岡県連合会	2015 年 10 月
資料	中国殉難者についての報告会記録	日中友好協会福岡県連合会	2015 年 10 月
記事	中国人強制連行殉難者の 「鎮魂の碑」を建立	日中友好協会田川支部	2003 年 7 月
記事	強制連行原告　苦役の地で怒りの涙 控訴審前に田川再訪	朝日新聞	2006 年 11 月
資料	日本中国友好協会福岡県連合会 中国人強制連行・強制労働問題	日本中国友好協会 大牟田支部	2015 年 9 月
書籍	『葬火不熄烟』 三井三池炭鉱　強制連行中国人 「50 年目の過去」	日中友好協会福岡県連合会	1994 年 7 月
資料	三井三池炭鉱宮浦坑中国人殉難者 第 3 回慰霊祭メッセージ	大牟田市長　古賀道雄	2015 年 7 月
記事	荒尾市に中国人殉難者供養塔を 期成会が募金行脚	熊本日日新聞	1971 年 12 月
記事	殉難中国人を弔おう 供養塔建立訴え托鉢	読売新聞	1971 年 12 月

記事	日中親善の一助に	朝日新聞	1971 年 12 月
記事	中国人殉難者の供養塔建立 超宗派のたくはつ県下全域へ	玉名新聞	1971 年 12 月
記事	浄財で中国人慰霊塔 荒尾　宗派越え 23 人協力	読売新聞	1972 年 3 月
記事	安らかに中国人殉難者 小岱山で慰霊碑除幕	読売新聞	1972 年 4 月
記事	中国人の霊よ安かれ	朝日新聞	1972 年 4 月
記事	おわびの殉難供養塔　除幕 三池の強制労働で死んだ中国人の霊へ	朝日新聞	1972 年 4 月
記事	托鉢行一千キロ 中国人慰霊之碑建立 超宗派の二十三人協力	高野山教報	1972 年 4 月
記事	―訪中団などを批判して― "日本人は卑怯だ" 中国人の日本人観	玉名新聞	1972 年 4 月
記事	風雪の中を托鉢行 27 人	玉名新聞	1972 年 4 月
記事	中国人殉難供養塔 知事の手で除幕	玉名新聞	1972 年 4 月
記事	南北朝鮮人炭鉱殉難者の霊 安らかに眠って……	西日本新聞	1972 年 10 月
記事	善意のたくはつ実る 北朝鮮・韓国人慰霊塔除幕	読売新聞	1972 年 10 月
記事	慰霊の詞	玉名新聞	1972 年 11 月
記事	「世界は一つ」の合同慰霊祭	朝日新聞	1973 年 4 月
記事	訪中問題が話題に？ 三笠宮さま、廖団長と懇談	読売新聞	1973 年 5 月
記事	中国、南北朝鮮人の殉難 30 回忌 来月 8 日に合同供養 中国大使館員も初出席	熊本日日新聞	1975 年 4 月
記事	終戦記念日に思う 沖縄県民に何を報いたか	熊本日日新聞	1981 年 8 月

記事	国境を超え一堂に 中国、朝鮮人労働者の慰霊祭 荒尾市、正法寺で営まれる	高野山教報	1991 年 7 月
記事	49 年ぶり涙の再会	有明新報	1993 年 5 月
記事	熊本県内の強制連行での朝鮮、中国人 犠牲者の合同追悼—碑建立に 3 年、 赤星善弘住職	朝鮮新報	2003 年 4 月
記事	強制労働の殉難者悼む 荒尾市で合同慰霊祭	熊本日日新聞	2010 年 4 月
記事	鎮魂の祈り　舟に乗せ 荒尾市・金剛寺で大法要	熊本日日新聞	2010 年 8 月
記事	熊本正法寺 第 40 回合同慰霊祭	六大新報	2011 年 5 月
記事	インタビュー今週のこの人 おわびの心　持ち続ける 強制連行の犠牲者を慰霊する僧侶 赤星善弘さん（80）	朝日新聞	2015 年 6 月
記事	精霊舟　有明海に 荒尾市・金剛寺　戦争犠牲者悼む	熊本日日新聞	2015 年 8 月
記事	戦没者の冥福祈る 有明海へ精霊舟	有明新報	2015 年 8 月
記事	日本に生きる 歴史のはさまで 華僑 2 世の劉美麗さん	熊本日日新聞	2015 年 10 月
記事	日本に生きる 歴史のはさまで 華僑の林康治さん	熊本日日新聞	2015 年 10 月
書籍	浦上刑務支所中国人原爆犠牲者 追悼碑報告集	浦上刑務支所 中国人原爆犠牲者 追悼碑建立委員会	2008 年 10 月
資料	抗議声明	長崎の中国人強制連 行裁判を支援する会	2009 年 12 月

※資料分類の「資料」とは書籍、記事などその他の分類に当てはまらない資料である。慰霊祭で配られたパンフレットや慰霊碑について書かれたレジュメなどが該当する。

※発表日時は出版日、掲載日、資料作成日などである。それらが不明なものは資料提供日を発表日時としている。

強制連行中国人殉難労働者慰霊碑資料集
2016 年 5 月 26 日　初版第 1 刷発行
編　者　　強制連行中国人殉難労働者慰霊碑資料集編集委員会
発行者　　段景子
発行所　　株式会社 日本僑報社
　　　　　〒 171-0021 東京都豊島区西池袋 3-17-15
　　　　　TEL03-5956-2808　FAX03-5956-2809
　　　　　info@duan.jp
　　　　　http://jp.duan.jp
　　　　　中国研究書店 http://duan.jp

2016 Printed in Japan.　ISBN 978-4-86185-207-7　C0036

日本僑報社好評既刊書籍

新疆物語
~絵本でめぐるシルクロード~

王麒誠 著
本田朋子（日中翻訳学院）訳

異国情緒あふれるシルクロードの世界
日本ではあまり知られていない新疆
の魅力がぎっしり詰まった中国のベ
ストセラーを全ページカラー印刷で
初翻訳。

A5判 182頁 並製　定価980円＋税
2015年刊　ISBN 978-4-86185-179-7

新疆世界文化遺産図鑑

小島康誉／王衛東 編
本田朋子（日中翻訳学院）訳

「シルクロード：長安－天山回廊の交
易路網」が世界文化遺産に登録され
た。本書はそれらを迫力ある大型写
真で収録、あわせて現地専門家が遺
跡の概要などを詳細に解説している
貴重な永久保存版である。

変形A4判 114頁 並製　定価1800円＋税
2016年刊　ISBN 978-4-86185-209-1

中国の"穴場"めぐり

日本日中関係学会 編

宮本雄二氏、関口知宏氏推薦!!
「ディープなネタ」がぎっしり!
定番の中国旅行に飽きた人には旅行
ガイドとして、また、中国に興味の
ある人には中国をより深く知る読み
物として楽しめる一冊。

A5判 160頁 並製　定価1500円＋税
2014年刊　ISBN 978-4-86185-167-4

若者が考える「日中の未来」Vol.2
日中経済交流の次世代構想
——学生懸賞論文集——

宮本雄二 監修
日本日中関係学会 編

2015年に行った第4回宮本賞（日中
学生懸賞論文）の受賞論文13点を全
文掲載。若者が考える「日中の未来」
シリーズ第二弾。

A5判 225頁 並製　定価2800円＋税
2016年刊　ISBN 978-4-86185-223-7

新中国に貢献した日本人たち

中日関係史学会 編
武吉次朗 訳

元副総理・故後藤田正晴氏推薦!!
埋もれていた史実が初めて発掘され
た。登場人物たちの高い志と壮絶な生
き様は、今の時代に生きる私たちへの
叱咤激励でもある。
　　　　　－後藤田正晴氏推薦文より

A5判 454頁 並製　定価2800円＋税
2003年刊　ISBN 978-4-93149-057-4

争えば共に傷つき相補えば共に栄える
日中友好会館のあゆみ
隣国である日本と中国の問題解決の好事例

村上立躬 著

中曽根康弘元総理推薦!
唐家璇元国務委員推薦!
日中問題解決の好事例!
真実に基づいた記録

四六判 345頁 並製　定価2700円＋税
2016年刊　ISBN 978-4-86185-198-8

必読！今、中国が面白い Vol.9
中国が解る60編

而立会 訳
三潴正道 監訳

『人民日報』掲載記事から多角的かつ
客観的に「中国の今」を紹介する人
気シリーズ第9弾！　多数のメディ
アに取り上げられ、毎年注目を集め
ている人気シリーズ。

A5判 338頁 並製　定価2600円＋税
2015年刊　ISBN 978-4-86185-187-2

なんでそうなるの？
—中国の若者は日本のココが理解できない

段躍中 編

第11回中国人の日本語作文コンクー
ル上位入賞作を一挙掲載した本書に
は、一般の日本人にはあまり知られ
ない中国の若者たちの等身大の姿や、
ユニークな「生の声」がうかがい知
れる力作がそろっている。

A5判 272頁 並製　定価2000円＋税
2015年刊　ISBN 978-4-86185-208-4

日本僑報社好評既刊書籍

悩まない心をつくる人生講義
—タオイズムの教えを現代に活かす—

アメリカの名門CarletonCollege発、全米で人気を博した

チーグアン・ジャオ 著
町田晶（日中翻訳学院）訳

元国連事務次長 明石康氏推薦!!
悩みは100%自分で消せる！
難解な老子の哲学を分かりやすく解説し米国の名門カールトンカレッジで好評を博した名講義が書籍化！

四六判 247頁 並製 定価1900円+税
2016年刊 ISBN 978-4-86185-215-2

日中中日翻訳必携　実戦編Ⅱ

武吉次朗 著

日中翻訳学院「武吉塾」の授業内容を凝縮した「実戦編」第二弾！
脱・翻訳調を目指す訳文のコツ、ワンランク上の訳文に仕上げるコツを全36回の課題と訳例・講評で学ぶ。

四六判 192頁 並製 定価1800円+税
2016年刊 ISBN 978-4-86185-211-4

中国人の価値観
—古代から現代までの中国人を把握する—

宇文利 著
重松なほ（日中翻訳学院）訳

かつて「礼節の国」と呼ばれた中国に何が起こったのか？
伝統的価値観と現代中国の関係とは？
国際化する日本のための必須知識。

四六判 152頁 並製 定価1800円+税
2015年刊 ISBN 978-4-86185-210-7

Made in China と日本人の生活
中国のメーカーが与えた日本への影響

第六回日本人の中国語作文コンクール受賞作品集

段躍中 編

駐日特命全権大使　程永華氏推薦!!
両国のより多くの人々がお互いの言語と文化を学び、民間交流の促進と友好関係の増進に積極的に貢献されるよう期待しております。
―程永華氏推薦文より

A5判 216頁 並製 定価2000円+税
2011年刊 ISBN 978-4-86185-110-0

春草
〜道なき道を歩み続ける中国女性の半生記〜

裘山山 著、于暁飛 監修
徳田好美・隅田和行 訳

東京工科大学 陳淑梅教授推薦!!
中国の女性作家・裘山山氏のベストセラー小説で、中国でテレビドラマ化され大反響を呼んだ『春草』の日本語版。
いわば中国版『おしん』の半生記

四六判 448頁 並製 定価2300円+税
2015年刊 ISBN 978-4-86185-181-0

第13次五カ年計画
中国の百年目標を実現する

胡鞍鋼 著
小森谷玲子（日中翻訳学院）訳

中国政策科学における最も権威ある著名学者が、国内刊行に先立ち「第13次五カ年計画」の綱要に関してわかりやすく紹介した。

四六判 120頁 並製 定価1800円+税
2016年刊 ISBN 978-4-86185-222-0

現代中国カルチャーマップ
百花繚乱の新時代

孟繁華 著
脇屋克仁／松井仁子（日中翻訳学院）訳

悠久の歴史とポップカルチャーの洗礼、新旧入り混じる混沌の現代中国を文学・ドラマ・映画・ブームなどから立体的に読み解く１冊。

A5判 256頁 並製 定価2800円+税
2015年刊 ISBN 978-4-86185-201-5

子ども漫画の戦前史
日本における新聞連載　中国教育部研究優秀成果賞受賞

徐園 著

著者が三年間にわたって調査・収集してきた日本の新聞連載子ども漫画についての研究成果である。今まで掘り出されていなかった子ども漫画作品が多く紹介され、詳細なデータを提示している。

A5判 384頁 上製 定価7000円+税
2013年刊 ISBN 978-4-86185-126-1